Français
3ᵉ
BREVET

Florence Randanne
Françoise Bernollin-Muratet
Valérie Chabaudie
Sophie Dubus

Professeurs de Français

MAGNARD

Illustration de couverture : Sofia Dias

Réalisation : Linéale Production

© Éditions Magnard, 2010, Paris.
www.magnard.fr

Aux termes du Code de la propriété intellectuelle, toute reproduction ou représentation intégrale ou partielle de la présente publication, faite par quelque procédé que ce soit (reprographie, microfilmage, scannérisation, numérisation...) sans le consentement de l'auteur ou de ses ayants droit ou ayants cause est illicite et constitue une contrefaçon sanctionnée par les articles L. 335-2 et suivants du Code de la propriété intellectuelle.
L'autorisation d'effectuer des reproductions par reprographie doit être obtenue auprès du Centre Français d'exploitation du droit de la Copie (CFC) 20, rue des Grands-Augustins – 75006 PARIS – Tél. : 01 44 07 47 70 – Fax : 01 46 34 67 19

Achevé d'imprimer par L.E.G.O. à Lavis, Italie en janvier 2010
Dépôt légal : janvier 2010 N° éditeur : 2010/004

SOMMAIRE

Les corrigés détachables se trouvent au centre de l'ouvrage.

LE MOT

1. La formation des mots 4
2. Homonymes/paronymes, synonymes/antonymes 7
3. Champ sémantique/champ lexical 8
4. Quelques figures de style 9
5. Accorder les participes passés 11
6. Adjectif verbal/participe présent/gérondif 14
7. Accorder les noms composés 15
8. Les homophones grammaticaux 16
9. Les homophones verbaux 19
10. L'indicatif présent : les verbes difficiles 20
11. L'indicatif passé simple : les conjugaisons 22

LA PHRASE

12. Ne pas confondre nature et fonction 23
13. Le sujet et l'attribut du sujet 25
14. Phrases simples et phrases complexes 26
15. Les expansions du nom 28
16. L'expression du temps et du lieu 29
17. L'expression de la cause et de la conséquence 30
18. L'expression de l'opposition et de la concession 31
19. L'expression de la condition 32
20. Les connecteurs logiques 34
21. Les propositions subordonnées complétives 36

LE DISCOURS

22. Voix active et voix passive 38
23. Mettre en relief 40
24. Distinguer les valeurs du présent 41
25. Comment employer les temps du passé ? 42
26. Repérer la situation d'énonciation et la modifier 44
27. Les types de phrase 46
28. Rapporter des paroles dans un récit 47
29. Les différentes formes de discours 50
30. Les reprises nominales et pronominales 52
31. L'expression de la subjectivité 53

SUJETS DU BREVET

SUJET 1 55
SUJET 2 56
SUJET 3 58

ANNEXES

Tableau des modes et des temps 60

1 La formation des mots

Observer et retenir

Dans une langue, des mots nouveaux peuvent se créer par **composition, dérivation ou emprunts à d'autres langues**.
Démocratie, machine à laver, gratte-ciel, café crème sont des mots formés par composition.

Créer un mot par dérivation, c'est **ajouter** à un radical un **suffixe** et/ou un **préfixe**.

Exemple : dé pos ition
             préfixe   suffixe

L'ajout d'un **préfixe** ne change pas la classe grammaticale d'un mot mais change son sens.

■ **Les préfixes**
Exemple : ménager → déménager

Préfixe	Sens	Exemple
a-	privatif	**a**thée
co-/com-	avec	**co**équipier, **com**patriote
dé-/dis-	privatif ou négatif	**dé**raison, **dis**gracier
in-/im-/il-/ir-	privatif ou négatif	**il**légal, **im**possible
hyper-	augmentatif	**hyper**marché
hypo-	diminutif	**hypo**glycémie
pré-	avant	**pré**dire
post-	après	**post**posé
sub-/sous- (sou-)	augmentatif ou diminutif	**sub**venir, **sou**tenir
trans-	à travers	**trans**porter

En ajoutant un **suffixe**, la classe grammaticale du mot change mais pas son sens.

■ **Les suffixes**
Exemple : dépister → dépistage

	Suffixe	Sens	Exemple
Suffixes nominaux	-age ; -ment ; -tion	action	clon**age** ; dévoue**ment** ; obten**tion**
	-eur ; -ateur ; iste	agent et instrument	jou**eur** ; indic**ateur** ; jur**iste**
	-ette ; -eau	diminutifs	chauss**ette** ; louvet**eau**
	-ard ; -aille	sens péjoratif	fêt**ard** ; cochonn**aille**
Suffixes adjectivaux	-aire ; -el/-al		glac**ial**
	-eux (-ueux) ; -if		fabul**eux** ; persuas**if**
	-ique/-atique		histor**ique**
	-ible ; -able	possibilité	construct**ible** ; cur**able**
	-âtre ; -art	péjoratif	verd**âtre** ; cri**ard**
Suffixes verbaux (désinences)	-er ; -ir		jou**er** ; part**ir**
	-ifier ; -iser		strat**ifier** ; s'étern**iser**
Suffixe adverbial	-ment* * attention à l'orthographe !		joli**ment** ; douce**ment** évide**mment** ; sava**mment**

■ **Les familles étymologiques**

Elles sont constituées par les mots construits autour d'un **même radical**.

Exemple : **pos**/er → dé/**pos**/er – **pos**/ition – dé/**pos**/ition – ap/**pos**/ition, etc.

Attention ▸ certaines familles sont construites à partir de radicaux de formes différentes.

Exemple : { flor → floraison – floralies (formation savante)
              { fleur → affleurer – effleurer (formation populaire)

S'entraîner

1 La formation des mots

1 Retrouvez le radical des mots suivants et expliquez comment ils ont été formés.

1. assèchement : _____
2. bilinguisme : _____
3. dématérialisation : _____
4. programmation : _____
5. interrogeable : _____
6. réutilisable : _____
7. remboîtement : _____
8. antisémitisme : _____

2 Proposez les noms correspondant aux verbes suivants.

1. dénommer : _____
2. gérer : _____
3. bondir : _____
4. décolorer : _____
5. paraître : _____
6. flairer : _____
7. tendre : _____
8. élire : _____
9. bouder : _____
10. omettre : _____
11. fermer : _____
12. flétrir : _____

3 Cherchez des mots dérivés à partir des radicaux suivants, donnés avec leurs variantes.

1. grain/gran/gren : _____
2. croi/croy/créd/cré : _____
3. côt/cost : _____
4. vêt/vest : _____

4 À partir des définitions suivantes, formez des adjectifs ou des verbes comportant un préfixe, un radical et un suffixe.

1. qui ne peut pas s'enflammer : _____
2. couvrir d'une couche de pierres : _____
3. qui est difficile à digérer : _____
4. que l'on ne peut pas décrire, exprimer : _____
5. ôter l'amorce : _____
6. que l'on ne peut arracher de terre avec ses racines : _____
7. rendre plus lourd, moins vif : _____
8. purifier, rendre sain : _____

5 En analysant sa construction, expliquez le sens du deuxième mot de chacun des couples de mots suivants.

1. espoir/désespoir : _____
2. prévu/imprévu : _____
3. normal/anormal : _____
4. légal/illégal : _____

6 1. Quel est le sens des couples de mots suivants ? Aidez-vous de l'étymologie.

a. soliloque/monologue : _____
b. vital/biologique : _____
c. multiforme/polymorphe : _____
d. aquatique/hydraulique : _____

2. Que constatez-vous ? _____

1 La formation des mots

7 À partir de leur étymologie, donnez le sens des mots composés suivants. (Vous pouvez vous aider du dictionnaire.)

1. monarchie : _____
2. oligarchie : _____
3. sylviculture : _____
4. onychophagie : _____
5. anthropophagie : _____
6. polygamie : _____
7. monogamie : _____
8. centrifuge : _____
9. ignifuge : _____
10. échographie : _____

8 Ajoutez à chacun des ces adjectifs un préfixe afin de lui donner un sens négatif.

1. licite →
2. imaginable →
3. réalisable →
4. faisable →
5. corruptible →
6. remplaçable →

9 Trouvez le mot qui correspond à chaque définition et qui commence par le préfixe pré-.

1. placer avant tout : _____
2. disposé d'avance à : _____
3. soutenir : _____
4. chargé d'une fonction spéciale : _____
5. annoncer d'avance : _____
6. signe censé annoncer l'avenir : _____
7. lavage préliminaire : _____
8. aller au devant de quelque chose : _____
9. qui se produit avant le temps normal : _____
10. pièce musicale servant d'introduction : _____

10 Transformez chacun de ces mots à l'aide d'un suffixe qui lui donnera un sens péjoratif.

Exemple : jaune → jaunâtre

1. population →
2. riche →
3. paille →
4. blanc →
5. vert →
6. rouge →

S'entraîner au brevet

11 Paris-Créteil-Versailles, juin 2001.

Lisez l'extrait suivant

À l'épouvantable odeur de pourriture qui imprégnait leurs vêtements, leurs mains et leurs cheveux, on reconnaissait les fillettes travaillant à la soie. [...]
Il y avait un travail plus déplaisant, plus malodorant encore que celui du dévidage des cocons.
Certains vers étaient ouverts vivants. Les doigts menus allaient chercher, dans la tiédeur visqueuse des viscères, les glandes séricigènes.
Il fallait les étirer mécaniquement pour obtenir un fil plus fin qu'un cheveu et plus solide qu'un filin.

Marie ROUANET, *Le Crin de Florence*, éd. Climats, 1986.

1. À partir de la définition des mots suivants : « sériculture : culture de la soie » et « lacrymogène : qui produit (fait naître) des larmes », donnez le sens du mot « séricigène ».
2. Expliquez la formation de « malodorant » et donnez deux mots de la même famille.
3. Quel suffixe repérez-vous dans le mot « mécaniquement » ? À quelle classe grammaticale appartient ce mot ?

Aide ▸ Pour vous aider à comprendre le sens d'un mot inconnu, cherchez d'autres mots de la même famille.

2 Homonymes/paronymes, synonymes/antonymes

Observer et retenir

- Les **homonymes** sont des mots qui **se prononcent** et qui parfois **s'écrivent de la même manière**, mais qui **n'ont pas le même sens**. Pour les identifier, il faut tenir compte du contexte.
Exemple : La mer est déchaînée./Ma mère est énervée.

- Les **paronymes** sont des mots **de sens différents**, mais que l'on confond parfois à cause de **leur prononciation très proche**.
Exemple : une tête d'oreiller mis pour une taie d'oreiller.

- Les **synonymes** sont des mots **de sens voisins** et **de même classe grammaticale**.
Exemple : le courage, la vaillance, la bravoure.

- Les **antonymes** sont des mots **de sens opposés** et **de même classe grammaticale**.
Exemple : le courage et la lâcheté.

S'entraîner

1 Soulignez l'homonyme qui convient.
1. L'architecte est assis depuis six heures devant son (plan/plant) de travail. 2. Je refuse de prendre (parti/partie) dans cette affaire de famille. 3. Les affaires de justice concernant les mineurs se déroulent en général à (huit/huis) clos. 4. La (plaine/pleine) est envahie annuellement par les eaux. 5. Ysmène est (censée/sensée) se présenter demain matin à 8 h 00 au bureau de son nouvel employeur. 6. Il faudrait mettre un (therme/terme) à cette dispute ridicule ! 7. Cette phrase est-elle conjuguée à la (voie/voix) passive ou active ? 8. Faisons une (pause/pose).

2 Remplacez les mots en orange : a. par un synonyme, b. par un antonyme.
1. Lors de ta soirée d'anniversaire, j'ai trouvé ton frère vraiment très jovial. a. _____ / b. _____ 2. Les voisins de palier aiment à calomnier mes amis. a. _____ / b. _____ 3. L'émission spéciale sur les origines du monde était sensationnelle ! a. _____ / b. _____ 4. Défense de stationner. a. _____ / b. _____

3 Retrouvez le paronyme des mots en orange pour corriger les phrases suivantes.
1. Le bateau des pêcheurs avait coulé, à cet endroit, à cause d'une larme _____ de fond. 2. Ses questions opportunes _____ m'ont mis mal à l'aise. 3. La conjecture _____ économique actuelle semble favorable à la reprise des embauches. 4. Les organismes sociaux ont prévenu que la location _____ familiale serait versée avec quinze jours de retard. 5. As-tu révisé le cours sur les extensions _____ du nom ?

4 Employez chaque homonyme dans une phrase qui éclairera son sens.
1. aire/air/ère : _____
2. prou/proue : _____

S'entraîner au brevet

5 Lisez l'extrait suivant.

Aide ▶ Le sens exact des mots ne peut être compris qu'en contexte : donc, avant de commencer un exercice, et même si une expression vous est inconnue, lisez attentivement le passage concerné.

Alors, terrorisé par cette évocation des gendarmes, le « cabrioleur » fit un pas en arrière, la bouche ouverte et bondit vers la porte, pour une fuite éperdue. Mais il s'arrêta sur le seuil, éclata de rire, se frotta les mains joyeusement, et s'écria : « C'est pas tout d'être voleur ; il faut être malin ! Et malin, ça veut dire Ugolin ! »

Marcel PAGNOL, *Manon des sources.*

1. « cabrioleur » : quel paronyme de ce mot aurait été correct ?
2. Proposez un synonyme pour « terrorisé » et pour « une fuite éperdue ».
3. Employez un antonyme de « malin » dans une phrase de votre invention qui éclairera son sens.

3 Champ sémantique/champ lexical

Observer et retenir

■ Le **champ sémantique** d'un mot englobe l'ensemble des **différents sens** de ce mot. On parle alors de **polysémie**.

Exemple : Le mot « loup » peut nommer :
- un mammifère carnivore. C'est le **sens propre** (ou sens premier) ;
- certains poissons voraces comme le bar ;
- un demi-masque que l'on utilise lors du carnaval ;
- l'expression de **sens figuré** « avoir une faim de loup » signifie « avoir très faim ».

■ Le **champ lexical** est l'ensemble des termes (verbes, noms, adjectifs, adverbes) **qui se rapportent à un même thème**.

Exemple : juge, juger, juré, avocat, tribunal, procès, appliquer la loi, le code pénal et juridiquement appartiennent au champ lexical de la **justice**.

S'entraîner

1 1. Dites si les mots en orange sont employés au sens propre ou au sens figuré.
2. Employez-les dans une phrase où ils auront un sens différent.

a. Cette grand-mère fait preuve d'une **jeunesse** d'esprit admirable. (sens _____)

b. Malheureusement, les sciences physiques ne sont pour moi que de **l'hébreu**. (sens _____)

c. Ce candidat à la mairie ne m'**inspire** pas confiance : il se contredit sans cesse. (sens _____)

d. Ces promesses n'étaient encore une fois qu'un **mirage**. (sens _____)

2 Déduisez le thème des champs lexicaux suivants.

1. un indice ; suivre une piste ; un interrogatoire ; les détectives ; déduire : _____
2. une scène ; la fosse ; les coulisses ; les gradins ; le rideau rouge : _____
3. odeur ; fragrance ; effluve ; embaumer : _____
4. baisser les yeux ; rougir ; humiliation ; regretter : _____

3 Proposez au moins quatre termes ou expressions pouvant former le champ lexical de :

1. la musique : _____
2. la violence : _____
3. le mouvement : _____
4. la colère : _____

S'entraîner au brevet

4 Bordeaux – Caen – Clermont-Ferrand – Limoges – Nantes – Orléans – Tours – Poitiers – Rennes, juin 2002.
Lisez l'extrait suivant.

Oh ! Une réminiscence ! Un vague, très vague souvenir d'une sensation d'enfance : les maillots tricotés main qui grattent partout lorsqu'ils sont mouillés... Ce n'est pas le plus agréable des souvenirs mais qu'importe, c'en est au moins un.

Annie DUPEREY, *Le Voile noir.*

1. Dans le premier paragraphe, relevez deux termes appartenant au champ lexical de la mémoire.
2. Quelle différence de sens faites-vous entre eux ?

Aide ▶ Pour vous rappeler que le champ sémantique est l'ensemble des sens possibles d'un mot, pensez à rapprocher **s**ens et **s**émantique.

4 Quelques figures de style

Observer et retenir

■ **Alliance de mots** (ou **oxymore**) : rapprochement de mots de sens contradictoires.
Exemple : Cette **obscure clarté** qui tombe des étoiles. (Corneille)

■ **Antithèse** : rapprochement de deux idées qui s'opposent, pour les mettre en relief.
Exemple : Présente, je vous fuis, **absente**, je vous trouve. (Racine)

■ **Antiphrase** : fait de dire, par ironie, le contraire de ce que l'on pense (le ton employé aide à le deviner).
Exemple : C'est du joli !

■ **Gradation** : succession de termes dont le sens est de plus en plus fort.
Exemple : Je n'en puis plus, je me meurs, je suis mort, je suis enterré ! (Molière)

■ **Hyperbole** : emploi de termes très forts, exagérés, pour frapper l'imagination.
Exemple : Faire les quatre cents coups.

■ **Anaphore** : répétition d'un même mot au début de plusieurs groupes de mots, phrases ou vers.
Exemple : Ceux qui coupent le pain avec leur couteau
Ceux qui passent leurs vacances dans les usines (Prévert)

■ **Euphémisme** : emploi d'une expression plus douce pour atténuer une réalité brutale.
Exemple : Dire : « Il ne va pas très bien. » pour : « Il est très malade. »

■ **Comparaison** : mise en évidence d'un point commun entre deux éléments exprimés, toujours à l'aide de mots annonçant la comparaison.
Exemple : La lune/**Comme** un point sur un i. (Musset)
Remarque ▶ On peut annoncer la comparaison au moyen de **verbes** (sembler), d'**adjectifs** suivis ou non de prépositions (tel, pareil), d'**adverbes** ou **locutions adverbiales** (plus... que..., comme), de **prépositions** (de), de **conjonctions de subordination** introduisant une proposition subordonnée conjonctive (ainsi que, comme).

■ **Métaphore** : comparaison sous-entendue : il n'y a pas de terme annonçant la comparaison.
Exemple : Déjà la nuit en son parc amassait
Un grand troupeau d'étoiles vagabondes (Du Bellay)

S'entraîner

1 Voici des comparaisons : soulignez le ou les mots annonçant la comparaison et indiquez leur nature.

1. Son petit nez en trompette lui donne un air charmant. _____
2. Quand cette femme commence à parler, on dirait une crécelle. _____
3. Ce que j'apprécie chez toi, c'est que tu es toujours égal à toi-même. _____
4. Cet acteur est riche comme Crésus. _____
5. Le chat, tel un sphinx, restait immobile. _____
6. Tu as l'air de quelqu'un à qui on aurait annoncé la fin du monde ! _____
7. Sa taille est plus mince que la retraite des vieux. (P. Perret) _____
8. Ces feuilles tombant toujours semblaient des larmes,
de grandes larmes versées par les grands arbres tristes. (G. de Maupassant) _____
9. Comme on fait son lit, on se couche. _____
10. Ce prétentieux parle comme s'il savait tout ! _____

2 Reconnaissez-vous une comparaison ou une métaphore ? Justifiez votre réponse en précisant si la comparaison est clairement exprimée (vous relèverez alors le ou les mots annonçant cette comparaison) ou si elle est sous-entendue.

1. [...] tes paupières
Qui battent comme les fleurs battent au vent dément. (Apollinaire) _____

2. La bise pleurait
Ainsi qu'un basson. (Verlaine) _____

4 Quelques figures de style

3. Ce toit tranquille, où marchent les colombes,
Entre les pins palpite. (Valéry) _____

4. Sous les ifs noirs qui les abritent,
Les hiboux se tiennent rangés,
Ainsi que des dieux étrangers. (Baudelaire) _____

5. Les chats-huants s'éveillent, et sans bruit
Rament l'air noir avec leurs ailes lourdes. (Verlaine) _____

6. Tout l'automne, à la fin, n'est plus qu'une tisane froide. (Ponge) _____

7. Cueillez, cueillez votre jeunesse :
Comme à cette fleur, la vieillesse
Fera ternir votre beauté. (Ronsard) _____

③ Transposez ces euphémismes en langage plus direct.

1. Elle a vécu, Myrto, la jeune Tarentine. (Chénier) → _____

2. Clémentine n'est pas bien grosse. → _____

3. Ce n'est pas une très bonne idée que tu as eue là ! → _____

4. Il nous a quittés hier. → _____

5. Non seulement Jacques ne brille pas par son intelligence, mais en plus ce n'est pas un Apollon ! → _____

④ Quelle figure de style reconnaissez-vous ?

1. C'est une entreprise suicidaire ! _____

2. Violettes à courte tige, violettes blanches et violettes bleues et violettes d'un blanc bleu veiné de nacre mauve, violettes de coucou, anémiques et larges, qui haussent sur de longues tiges leurs pâles corolles inodores. Violettes de février, fleuries sous la neige […] (Colette)

3. Ta réaction est monstrueuse. _____

4. Ton bras est invaincu mais non pas invincible. (Corneille) _____

5. Ce n'est plus une chasse à courre, c'est un carnage ! _____

6. Il est triste, malheureux, abattu à l'idée de ne plus la revoir. _____

7. Ce serait une erreur de croire qu'il est coupable, ce serait une erreur de vouloir le condamner, ce serait une erreur à coup sûr de ne pas lui laisser une dernière chance ! _____

S'entraîner au brevet

⑤ Amérique du Nord, juin 2001.
Lisez l'extrait suivant.

L'émouvante et incroyable splendeur de la Terre est notre bien commun le plus précieux, que nul ne peut s'approprier, car nous ne possédons ni la brise délicate du printemps qui enivre de ses caresses les fins matins d'avril, ni le rougeoiement du Soleil lorsqu'il baisse à l'horizon, ni la face hilare de l'astre des nuits qui tantôt offre sa joue droite, tantôt la gauche, et chichement son visage entier, ni la douceur d'un soir d'été. […]
Ce qu'il y a de plus beau et de plus précieux en ce monde, qui pourtant est le plus commun et le moins rare, ne nous appartient pas ! Il nous appartient en revanche de le conserver jalousement comme un trésor, comme le patrimoine collectif inviolable de l'humanité.

1. « notre bien commun » :
a. Relevez deux mots du champ lexical correspondant au mot souligné.
b. Trouvez ensuite les deux comparaisons illustrant la même idée.

2. « la face hilare […] son visage entier ». Qu'est-ce qui est personnifié ici ?

Jean-Marie Pelt, *Le Tour du monde d'un écologiste,* © Fayard, 1990.

Aide ▶ Les figures de style ne sont pas forcément employées dans les énoncés poétiques ou relevant d'un niveau de langage soutenu ! Beaucoup d'expressions populaires, par exemple, sont imagées.

5 Accorder les participes passés

Observer et retenir

■ Verbes non pronominaux

Exemples : 1. Ta voiture est mal garée !/Ta voiture semble mal garée !
2. J'ai vu ta nouvelle voiture.
3. Voici la voiture qu'il a achetée.

Pour savoir si on accorde ou pas le participe passé, on repère l'auxiliaire.

- avec l'auxiliaire **être** (ou un **verbe d'état**), le participe passé s'accorde en genre et en nombre avec le sujet (ex. 1) ;
- avec l'auxiliaire **avoir**, le participe passé ne s'accorde pas avec le sujet : il faut repérer le C.O.D. (s'il y en a un) :
- si le C.O.D. est placé après le participe, celui-ci ne s'accorde pas avec le C.O.D. (ex. 2).
- si le C.O.D. est placé avant le participe, celui-ci s'accorde en genre et en nombre avec le C.O.D. (ex. 3).

Cas particulier ▶ Le participe passé est suivi d'un verbe à l'infinitif :
Exemple : La maison que j'ai vu bâtir./La maison que j'ai vue brûler.

   n'est pas sujet de l'infinitif :   est sujet de l'infinitif :
   on n'accorde pas   on accorde

■ Verbes pronominaux

Exemples : 4. Elles se sont longtemps souvenues de ta visite.
5. Cette statue s'est vendue un million d'euros !
6. Pierre et Émilie se sont rencontrés chez moi.
7. Ils se sont écrit de nombreuses lettres.
8. Voici les lettres qu'ils se sont écrites.

- Avec un **verbe essentiellement pronominal**, le participe passé **s'accorde** toujours avec le sujet (ex. 4).
- Avec un **verbe pronominal de sens passif**, le participe **s'accorde** toujours avec le sujet (ex. 5).
- Avec les autres verbes pronominaux :
- quand le **pronom réfléchi « se » est C.O.D.**, le participe **s'accorde** avec le sujet (ex. 6) ;
- quand le C.O.D. est différent du pronom réfléchi « se », le participe s'accorde avec le C.O.D. seulement si ce C.O.D. est placé **avant** le participe (ex. 7 et 8).
- Employé **sans auxiliaire**, le participe passé **s'accorde comme un adjectif** avec le nom qu'il qualifie :
Exemple : 9. J'ai trouvé Béatrice bien énervée.

S'entraîner

① 1. Écrivez correctement les participes passés des verbes entre parenthèses (voir « verbes non pronominaux »).
a. Les décisions que le général avait (prendre) _____ avaient (effrayer) _____ son état-major. **b.** Il avait alors (préparer) _____ une réponse qu'il aurait (faire) _____ si on l'avait (questionner) _____ : il avait (imaginer) _____ faire mine de battre en retraite. **c.** Une fois les troupes (avancer) _____, les cavaliers étant (disperser) _____ sur les côtés les auraient (encercler) _____.

2. Précisez, pour chaque participe, s'il est employé avec l'auxiliaire **être** ou **avoir** et justifiez l'orthographe retenue.
a. _____
b. _____
c. _____

② Entourez la bonne orthographe des participes passés (voir « verbes non pronominaux »).

On dit que les contes sont (faits/fait) pour amuser les enfants, mais des sociologues leur ont (trouvé/trouvés/trouvées) des sens (cachés/caché/cachées) au-delà de la simple histoire : (confronté/confrontées) aux mêmes difficultés que le héros parce qu'il s'identifie à lui, l'enfant, une fois sa peur (vaincu/vaincue), réalise que rien n'est jamais joué à l'avance ; quand il a (rencontré/rencontrés) des obstacles, il doit à chaque fois les surmonter. Pour devenir des adultes (accomplis/accompli), il y a certaines situations auxquelles il faut avoir (fait/fais/faites) face. Ainsi, les histoires que l'on a (raconté/racontées) aux enfants sont des illustrations symboliques des grandes étapes qui auront (marquées/marqué) leur vie... À vous d'imaginer l'interprétation possible de « Blanche-Neige et les sept nains » ou du « Petit Chaperon rouge » ! Il est une chose cependant que l'on a (regrettés/regrettée) : ces contes ont été (écrit/écrits) d'après une vision archaïque

11

5 Accorder les participes passés

de la société. Par exemple, dans « La Belle au bois dormant », la jeune fille attend sagement pendant que le prince affronte tous les dangers pour la délivrer... La répartition des rôles homme/femme n'était sûrement pas (laissée/laissés) au hasard et pourrait être (discutés/discutée) !

3 Les participes passés sont suivis d'un verbe à l'infinitif : écrivez-les correctement (voir « verbes non pronominaux »).

1. Je ne sais pas où était Anne, et je ne l'ai pas vu _____ prendre ton argent ! 2. J'ai vu _____ Célia sortir et se promener dans le jardin alors qu'elle était endormie. 3. Les filles, je croyais vous avoir demandé _____ d'aller vous coucher à 22 h ! 4. Les voleurs, nous ne les avons pas entendu _____ entrer. 5. Vos mérites, je les ai entendu _____ vanter par tous. 6. Les lapins, je les ai vu _____ sortir de leur cage hier ! 7. La pintade, je l'ai déjà vu _____ préparer aux girolles. 8. Carole regrette qu'on ne l'ait pas laissé _____ faire. 9. Nous avons décidé _____ de revendre nos actions quand nous les avons vu _____ perdre de la valeur.

4 Justifiez l'orthographe des participes passés en orange (voir « verbes pronominaux »).

1. La chatte s'est **blessée**. _____
2. Carole et Jérôme se sont **laissé** dire qu'il y aurait peu de monde. _____
3. Puisque la porte n'était pas fermée, nous nous sommes **autorisés** à entrer ! _____
4. Elle s'est **mise** à crier sans que je comprenne pourquoi ! _____
5. Grâce aux encouragements chaleureux de leur professeur, les élèves se sont **décidés** à travailler. _____
6. Juliette s'est **surprise** à rêver. _____
7. Le repos qu'ils se sont **accordé** était bien mérité ! _____

5 Écrivez les verbes entre parenthèses au temps demandé et accordez correctement les participes passés (voir « verbes pronominaux »).

1. Ils (se rendre compte, indicatif passé-composé) _____ qu'ils (se tromper, indicatif plus-que-parfait) _____ de route. 2. Ils (s'arranger, indicatif futur antérieur) _____ entre eux. 3. Ils (s'arranger, indicatif passé-composé) _____ une jolie petite maison. 4. Je ne voudrais pas porter les pantalons qu'elle (se coudre, indicatif passé-composé) _____ ! 5. Ils (se faire, indicatif passé-composé) _____ tellement de souci qu'ils (se rendre, indicatif passé-composé) _____ malades !

6 Complétez les participes passés.

Quand la récré a sonn_____, nous sommes tous descend_____, sauf Clotaire qui est pun_____, comme chaque fois qu'il est interrog_____ [...]. Et puis, M. Mouchabière a sonn_____ la fin de la récré. M. Mouchabière est un nouveau surveillant pour lequel nous n'avons pas encore e_____ le temps de trouver un surnom rigolo. [...]
Il est arriv_____ une chose terrible à l'école : Alceste a été renvoy_____ ! Ça s'est pass_____ pendant la deuxième récré du matin. [...] Eudes a vis_____ Clotaire, qui s'est jet_____ par terre avec les mains sur la tête ; la balle est pass_____ au-dessus de lui, et bing ! elle est ven_____ taper dans le dos d'Alceste qui a lâch_____ sa tartine, qui est tomb_____ du côté de la confiture. Alceste, ça ne lui a pas pl_____ ; il est deven_____ tout rouge et il s'est mi_____ à pousser des cris ; alors, le Bouillon – c'est notre surveillant – il est ven_____ en courant pour voir ce qui se passait ; ce qu'il n'a pas v_____, c'est la tartine et il a march_____ dessus, il a gliss_____ et il a faill_____ tomber.
« Tu vas voir si j'ai les mains pleines de gras », a d_____ Alceste, et il les a mi_____ sur la figure de Clotaire.

Sempé/Goscinny, *Les Récrés du Petit Nicolas*, © Éditions Denoël, 1961 et nouvelle édition 2002.

7 Écrivez les verbes entre parenthèses au participe passé.

Pourquoi s'endort-on au volant ?
Un simulateur a été (utiliser) _____ pour analyser la vigilance des conducteurs. Les tests se sont (se révéler) _____ fort intéressants : une conduite sur autoroute était (simuler) _____ et les conducteurs qui avaient (souhaiter) _____ se prêter au jeu voyaient leur résistance à la fatigue (éprouver) _____. Les résultats (obtenir) _____ que les chercheurs ont (présenter) _____ nous ont (surprendre) _____. Ils se sont en fait (se révéler) _____ presque contradictoires : une jeune femme qui avait (bénéficier) _____ d'une longue nuit de sommeil s'est (s'endormir) _____ aussi rapidement qu'une autre, dont le repos avait été (écourter) _____ ; elle s'était effectivement (se lever) _____ à trois heures du matin ! Le comportement des

5 Accorder les participes passés

conducteurs peut être aussi (influencer) _____ par un repas copieux ; les boissons qu'ils ont (prendre) _____ sont également un facteur d'endormissement. Une température élevée, une musique assourdissante, voici encore des facteurs que les chercheurs ont (reconnaître) _____ et dont ils ont (mesurer) _____ l'importance. Ils n'ont pas (mettre) _____ encore au point de système d'alerte ; les phénomènes (analyser) _____, qui ont (varier) _____ d'un individu à l'autre ont (devoir) _____ être (interpréter) _____ en fonction de paramètres à chaque fois différents.

8 Écrivez correctement les participes passés.

1. Je lui avait donn_____ ma photo mais il l'a déchir_____ ! **2.** Ils se sont réveill_____ trop tard. **3.** Elles étaient press_____ d'arriver. **4.** Ont-ils laiss_____ Cécile faire tout ce qu'elle voulait ? Oui, ils l'ont laiss_____ faire. **5.** Célia et Carole se sont m_____ à rire dès qu'elles ont aper_____ Julien dans cet accoutrement. **6.** Elles ont faill_____ être pun_____. **7.** Pierre était tellement gourmand que, chaque soir, il aimait se rappeler les plats qu'il avait mang_____ dans la journée ! **8.** Pour réussir son interrogation, il lui aurait suff_____ d'apprendre cette leçon mais elle n'y avait pas pens_____ ! **9.** Voici les chaussures que j'ai chois_____ et voilà celles que j'aurais aim_____ acheter ! **10.** Il ne fait aucun doute qu'en apprenant cette histoire, vos parents se seraient fâch_____. **11.** S'est-elle déjà avis_____ d'engager une procédure ? **12.** Quand ils ont vu_____ cette immense remorque dans leur jardin, ils se sont demand_____ à qui elle appartenait et ce qu'elle faisait là. Quand ils se sont approch_____ et y ont découver_____ une vingtaine de cages à lapins, ils se sont di_____ qu'il y avait forcément e_____ une erreur grossière ! **13.** Ils se sont engag_____ dans une voie difficile. Clémentine s'est découver_____ une vocation d'informaticienne, et je crains que cette nouvelle vocation qu'elle s'est découver_____ n'oblige ses parents à lui acheter un ordinateur !

9 Mettez les verbes entre parenthèses au participe passé et accordez-les si nécessaire.

Ce matin, Clara s'est (se dépêcher) _____ car son réveil n'a pas (sonner) _____ et ne l'a pas (réveiller) _____. Quand elle s'est (s'habiller) _____, elle s'est (se tromper) _____ : elle a (mettre) _____ le tee shirt de sa sœur, trop petit pour elle mais elle n'a pas (avoir) _____ le temps de changer ! Ensuite, elle a (enfiler) _____ des chaussettes de couleurs différentes. Son chocolat qu'elle a (boire) _____ trop chaud l'a (brûler) _____ et elle a (laisser) _____ tomber la tasse qui s'est (se casser) _____. Elle est (arriver) _____ en courant au collège, (essouffler) _____. Ses amis lui ont (demander) _____ ce qui s'était (se passer) _____. Elle a (répondre) _____ qu'elle devait acheter un nouveau réveil.

10 Même exercice.

Le match a (commencer) _____ à quinze heures précises. La pelouse était (tremper) _____ car durant toute la matinée, la pluie n'avait (cesser) _____ de tomber. Les joueurs de l'équipe de France s'étaient beaucoup (s'entraîner) _____. Leurs adversaires avaient (être) _____ (rassurer) _____ par la météo car dans leur pays pluvieux, ils sont (habituer) _____ à jouer sur une pelouse mouillée.
Malgré tout, l'équipe française s'est très bien (se comporter) _____ ; les joueurs ont (être) _____ présents partout sur le terrain, se sont (se passer) _____ la balle avec beaucoup d'agilité et de rapidité. Les adversaires se sont (se montrer) _____ inférieurs pour la tactique. Des pénaltys, l'ailier gauche en a (tirer) _____ deux et les a (réussir) _____ ! Quand la fin a été (siffler) _____, ce n'est pas deux mais quatre buts que notre équipe avait (marquer) _____ !

S'entraîner au brevet

11 Centres étrangers, groupe 1, juin 2001.

1. Lisez l'extrait suivant.

Ils lurent un début de roman d'amour – « La première fois qu'Aurélien vit Bérénice, il la trouva franchement laide » –, des textes en prose – le passage du *Panorama*, des descriptions de cavaliers, des choses que les enfants jugèrent un peu difficiles à comprendre – et des poèmes que tout le monde trouva très beaux.

Jean d'Ormesson, *Népomucène trouve un trésor*.

2. Vous récrirez ce passage en utilisant le plus-que-parfait, y compris dans la citation et en remplaçant l'adjectif « difficile » par le participe passé du verbe « compliquer ».

Aide ▶ Pensez toujours à **repérer l'auxiliaire** : *être* ou *avoir* ?

13

6 Adjectif verbal/participe présent/gérondif

Observer et retenir

■ **Exemple :** Nous avons installé une fenêtre coulissante.

L'adjectif verbal est formé du **radical** du verbe et du suffixe **« -ant »** ou **« -ent »**.
C'est une **forme adjectivale** qui remplit les mêmes fonctions que l'adjectif qualificatif.
Il **s'accorde** en genre et en nombre avec le nom qu'il accompagne.

■ **Exemple :** Les personnes désirant faire appel doivent remplir un dossier.

Le participe présent est formé du **radical** du verbe et du suffixe **« -ant »**.
C'est une **forme verbale**. Il peut donc être accompagné d'un sujet, d'un C.O.D., etc., et être le noyau d'une proposition participiale.
Il est **invariable**.

Remarque ▶ Particularité orthographique : le participe présent et l'adjectif verbal d'un même verbe n'ont pas toujours la même forme.

Exemple : fati**gu**ant (part. prés.) et fati**g**ant (adj. verb.), convain**qu**ant (part. prés.) et convain**c**ant (adj. verb.).

S'entraîner

1 Les mots en orange sont-ils des adjectifs verbaux, des participes présents ou des gérondifs ?

1. D'une voix **hésitante**, elle a annoncé qu'elle renonçait au voyage. _____
2. **En cherchant** bien, tu finiras par trouver. _____
3. Les candidats **se présentant** en retard seront disqualifiés. _____
4. Trois déflagrations **assourdissantes** retentirent dans le quartier. _____
5. **Pensant** qu'il ne connaîtrait personne, il n'a pas osé venir au pique-nique. _____
6. Le dernier film que nous avons vu était étrange mais **captivant**. _____

2 Complétez les formes suivantes en faisant les accords nécessaires.

1. Cette attitude provo_____ risque de t'attirer les foudres du patron.
2. En provo_____ une avalanche, les skieurs hors piste ont mis en danger la vie de dizaines de personnes.
3. Différ_____ sans cesse le départ de l'ascension, l'alpiniste a finalement renoncé à gravir l'Annapurna.
4. Votre intérieur est très différ_____ du mien.
5. En nag_____ de cette manière, tu vas finir au fond de l'océan !
6. Tes petits frères ont-ils été obéi_____ ?
7. Ce n'est pas en néglig_____ ton apparence que tu vas pouvoir la séduire !

S'entraîner au brevet

3 Lisez l'extrait suivant.

Bien qu'il eût encore une demi-heure de travail, il se rhabilla. Les autres l'imitèrent. La vue seule de la taille les jetait hors d'eux. Comme la herscheuse s'était remise au roulage, ils l'appelèrent en s'irritant de son zèle : si le charbon avait des pieds, il sortirait tout seul. Et les six, leurs outils sous le bras, partirent, ayant à refaire les deux kilomètres, retournant au puits par la route du matin.

Émile Zola, Germinal.

1. Relevez un gérondif.
2. Remplacez la proposition subordonnée conjonctive « comme la herscheuse s'était remise au roulage » par une proposition participiale.

Aide ▶ On peut identifier l'adjectif verbal en le remplaçant par une proposition subordonnée relative : une fenêtre coulissante = une fenêtre qui coulisse.

7 Accorder les noms composés

Observer et retenir

L'accord d'un nom composé dépend de la nature grammaticale des éléments qui le composent.

- Les **adverbes** et les **verbes** sont **invariables**.

Exemple : des **arrière**-cuisines, des **ouvre**-boîtes.

- En général, les **noms** et les **adjectifs s'accordent**.

Exemple : des **bateaux**-**mouches**, les **ronds**-points, les **sourds**-muets.
Mais **restent invariables** :
– les adjectifs **nu** et **demi** lorsqu'ils sont placés devant le nom : des **demi**-finales ; des **nu**-pieds ;
– les adjectifs en **-o** (forme abrégée) : les accords **franco**-belges ;
– les noms qui fonctionnent comme des **compléments du nom** ou qui désignent **un élément unique** : des sacs à **main**, des chasse-**neige**.

S'entraîner

1 Donnez la nature des mots qui forment les noms composés suivants et écrivez leur pluriel.
Exemple : un réveille-matin : verbe + nom unique ; des réveille-matin.

1. une belle-sœur : ___
2. un passe-partout : ___
3. une épingle à nourrice : ___
4. un sans-abri : ___

2 Mettez au pluriel les noms composés entre parenthèses.

1. Si tu veux des (timbre-poste) ___, regarde dans un de mes (porte-monnaie) ___. 2. Les (cerf-volant) ___ multicolores formaient comme des (arc-en-ciel) ___ à l'horizon. 3. As-tu regardé les prix des (sèche-linge) ___ et des (fer à repasser) ___ ? 4. Les (garde-malade) ___ doivent savoir installer et surveiller les (goutte-à-goutte) ___. 5. Avant les grandes chaleurs, les (garde-forestier) ___ installent des (pare-feu) ___ dans les (sous-bois) ___. 6. Rajoute sur la liste des courses : deux (après-shampoing) ___, des (coton-tige) ___, trois (dessous de plat) ___, un paquet d'(épingle à linge) ___ et trois (brosse à dents) ___.

3 Mettez au singulier les noms composés suivants.

1. des cure-dents : ___
2. des ronds-points : ___
3. des essuie-mains : ___
4. des trois-quarts : ___
5. des sages-femmes : ___
6. des porte-bagages : ___

S'entraîner au brevet

4 Grenoble, juin 1997.
Lisez l'extrait suivant.

La pluie de New York est une pluie d'exil. [...] Elle coule inlassablement entre les hauts cubes de ciment, sur les avenues soudain assombries comme des fonds de puits. Réfugié dans un taxi, arrêté aux feux rouges, relancé aux feux verts, on se sent tout à coup pris au piège derrière les essuie-glaces monotones et rapides.

Albert CAMUS, *L'Été*.

1. « les essuie-glaces » : justifiez le pluriel de ce nom composé, puis écrivez-le au singulier.
2. Récrivez la deuxième phrase de cet extrait, en remplaçant les mots soulignés successivement par « gratte-ciel », « contre-allée » et « sous-sol ».

Aide ▶ Avant d'accorder au pluriel (et au singulier !) les noms composés, prenez le temps de les décomposer et d'identifier les termes qui les forment.

15

8 Les homophones grammaticaux

Observer et retenir

■ Quel(les)/Qu'elle(s)
Ne confondez pas :
- Tout ce **qu'elle** dit m'intéresse ! → pronom relatif élidé devant « elle ».
- J'exige **qu'elle** parte ! → conjonction de subordination élidée devant « elle ».
- **Qu'elle** est belle ! → adverbe exclamatif élidé devant « elle ».
- **Quel** champion ! → adjectif exclamatif.
- **Quelles** plages sont les plus belles ? → adjectif interrogatif.

■ Quoique/Quoi que
Ne confondez pas :
- **Quoi qu'**Elise fasse, ses parents l'approuvent. → quoi que = quelle que soit la chose que.
- **Quoique** je sois fatigué, je t'accompagne au cinéma. → quoique = bien que.

■ Plus tôt/Plutôt
Ne confondez pas :
- Les invités sont là **plus tôt** que prévu. → plus tôt ≠ plus tard.
- Ne reste pas seul, viens **plutôt** avec nous ! → plutôt = de préférence, assez.

■ Leur/Leur(s)
Ne confondez pas :
- Ils ont oublié **leurs** valises à l'aéroport. → leurs = des, les ; « leur » s'accorde en nombre mais ne prend jamais la marque du féminin. déterminant (plus précisément adjectif possessif)
- Je **leur** dirai ce que je pense d'eux. → « leur » = pluriel de « lui » ; pronom personnel, leur ne s'accorde pas.

Attention ▶ Les leurs, pronom possessif, s'accorde au pluriel quand il remplace un nom pluriel précédé d'un adjectif possessif.

Exemple : **leurs** idées → **les leurs**.

■ Même/Même(s)
Ne confondez pas :
- J'ai choisi les **mêmes** rollers que toi.
- Qu'ils le disent eux-**mêmes** !
- Dès que j'ai de nouveaux vêtements elle veut les **mêmes** !
→ adjectif ou pronom, s'accorde en nombre.
- Ses agresseurs n'ont **même** pas été identifiés. → adverbe, « même » est invariable.

■ C'en/S'en/Sans/Sens/Sent
Ne confondez pas :
- Ils **s'en** moquent. (= Ils se moquent de cela.) → pronom réfléchi + « en » devant un verbe à la forme pronominale.
- **C'en** est trop ! → pronom démonstratif « ce » élidé + « en ».
- Je ne **sens** pas ton parfum/On **sent** le froid arriver. → sens/sent = verbe « sentir » au présent.
- Je ne partirai pas **sans** lui. → sans = préposition (≠ avec ; en).

S'entraîner

1 Complétez les phrases suivantes à l'aide de **quel(s)**, **quelle(s)**, ou **qu'elle(s)**.

1. _____ scène elle m'a faite quand elle a vu _____ n'était pas invitée ! 2. Tu sais _____ ne sont pas allées à la piscine. 3. _____ bruits étranges as-tu entendus ? Il n'y a personne ! 4. Où _____ aille, il faut toujours _____ ait son panier ! 5. Préfères-tu _____ reste ? 6. _____ splendeur ce manteau ! _____ le porte avec grâce ! _____ fourrure est-ce ? _____ question ! Il est fait de la fourrure des blaireaux _____ élève ! 7. Dès que nos invitées seront là, _____ s'installent au salon. Nous verrons bien _____ tête elles feront quand elles apprendront _____ doivent payer leur repas. 8. Éplucher des pommes de terre, _____ corvée ! Je préfère _____ achète des frites surgelées. 9. Pierre a eu le courage d'affronter une souris féroce pour me défendre ; _____ homme ! 10. _____ belles pantoufles ! Mais _____ taille !

8 Les homophones grammaticaux

J'ignorais _____ chaussât du 43 ! **11.** Je n'ai pas aimé tout ce _____ a dit à propos de Noémie. Il faudrait _____ cesse de juger les autres et _____ se remette en question : _____ rabat-joie !

2 Complétez les phrases suivantes à l'aide de quoique ou quoi que.

1. _____ il soit le cadet de la famille, Victor commande tout le monde ! **2.** Le ministre a déclaré que _____ il ait fait, personne ne parviendra à le mettre en défaut. **3.** _____ tu en dises, je trouve cette œuvre d'art sublime, _____ un peu encombrante. **4.** Tu finiras de peindre les volets, _____ il arrive ! **5.** _____ en disent les journaux, je suis convaincu que ce cycliste ne s'est pas dopé. **6.** _____ nonagénaire, mon grand-père skie encore remarquablement. **7.** _____ tu en penses, je trouve qu'il est risqué d'emmener Sébastien faire du rafting. **8.** _____ légèrement endormi, le capitaine est parvenu à rentrer son bateau dans le chenal. **9.** Vous êtes un mufle doublé d'un goujat, _____ croie votre épouse ! **10.** Le vampire, _____ en manque de sang, ne mordit pas le chien. **11.** Nicolas est charmant, _____ un peu étourdi. **12.** _____ les inondations aient ravagé de nombreux villages gardois, la population a souhaité maintenir les manifestations en faveur de la recherche contre les maladies génétiques. **13.** _____ qu'Élodie fasse, ses parents ne sont jamais contents.

3 Complétez les phrases suivantes à l'aide de plus tôt ou plutôt.

1. _____ que de partir ce midi, ils ont pris la route _____ **2.** Tu ferais mieux de travailler le latin, _____ que la danse du ventre ! **3.** Fatigué, il s'est endormi _____ que d'habitude. **4.** Je préfère le silence _____ que ces cris stridents ! **5.** Il fallait mettre dans cette soupe des poireaux _____ que des bananes. **6.** Kévin s'est inscrit à l'agence matrimoniale, espérant trouver une jeune fille _____ blonde. **7.** _____ que de me regarder comme ça, aide-moi ! **8.** _____ tu m'aideras à changer la roue, _____ nous pourrons repartir... **9.** L'avion a décollé _____ que prévu. **10.** Que penses-tu d'Alexandre ? Moi, je le trouve _____ gentil ; il dit toujours bonjour. **11.** Les élèves étaient _____ contents de ne pas avoir de cours. Les parents, eux, ont dû se débrouiller pour venir les chercher _____. **12.** Choisis _____ cette option pour le bac ! Elle te rapportera des points et pour le bac, il faut _____ assurer ses arrières.

4 Complétez les phrases suivantes à l'aide de leur ou leurs.

1. Nous _____ avons fourni un alibi pour la nuit du crime. **2.** _____ parents étant absents, ils _____ avaient laissé de l'argent. **3.** _____ avaient-ils conseillé de fermer _____ porte de chambre ? **4.** _____ chiens n'ont pas aboyé quand les voleurs sont entrés ; on avait dû _____ donner des somnifères. **5.** Il ne faudra jamais avouer à _____ grand-père que le perroquet qu'il _____ avait offert _____ a été volé ! **6.** Je sais qu'il _____ en voudra beaucoup, mais vu la bêtise qu'ils ont faite, c'est _____ problème ! **7.** Les pompiers ont permis à Rémi et Louis de voler en parachute : ils ont réalisé _____ rêve le plus cher. **8.** Que faut-il _____ acheter pour partir en colonie ? J'espère que les vêtements de l'été dernier _____ vont encore !

5 Complétez les phrases suivantes à l'aide de même ou mêmes.

1. Ils ont les _____ goûts ; ils sont faits pour s'entendre, _____ s'ils se disputent souvent. **2.** _____ sans maquillage, cette femme est ravissante ; elle est la beauté _____. **3.** Les _____ causes produisent les _____ effets. **4.** Quand bien _____ tu me supplierais à genoux pour savoir où j'ai acheté ces chaussures, je ne te le dirais _____ pas. Je n'ai pas envie que tu aies les _____ que moi ! **5.** Ce sont les _____ élèves qui ont remporté le concours cette année. **6.** Goûtez ces gâteaux ; vos cousines les ont préparés elles-_____. **7.** J'achète les _____ vêtements à mes jumeaux ; ils ont les _____ goûts et ne tiennent pas à se différencier. Parfois _____ ils s'habillent d'eux-_____ de la _____ manière. Ils me surprennent moi-_____. **8.** _____ quand il essaie de bien faire, les gens pensent que Stéphane n'est qu'un pitre et ne le prennent pas au sérieux.

6 Complétez les phrases suivantes à l'aide de c'en, s'en, sans, sens ou sent.

1. Des voyous sont encore venus _____ prendre à ma voiture ! La prochaine fois qu'ils rôderont dans les parages, ils _____ souviendront. **2.** _____ est fini de toutes vos bêtises ! **3.** Ton frère _____ est tiré à bon compte. **4.** Des maillots de l'équipe

8 Les homophones grammaticaux

France, il _____ vend trois mille chaque jour. **5.** Préviens-moi quand ils _____ iront. **6.** Romain leur a répondu qu'il _____ lavait les mains. **7.** Lorsqu'elle m'a dit qu'elle venait _____ Julien, je suis resté _____ voix. **8.** _____-tu qu'il prépare des steaks aux oignons ? **9.** Partez, _____ quoi vous serez en retard ! **10.** L'ours _____ le miel _____ peine lorsqu'il est dans le _____ du vent. **11.** _____ vouloir être impoli, je trouve que ce parfum _____ mauvais _____. **12.** Théo a beaucoup de chance ; quand il a des accidents de voiture, il _____ sort _____ grand bobo. _____ est miraculeux étant donné la manière dont il conduit ! **13.** Nos vacances en Tunisie, Louis _____ souvient encore ! **14.** Éric n'a pas été correct avec toi : il _____ veut encore. _____ ton pardon, il ne pourra aller mieux.

7 Corrigez, lorsque c'est nécessaire, les fautes dans les phrases suivantes.

1. Quoique tu regardes le soir à la télévision, tu t'endors toujours avant la fin des programmes, mêmes s'ils sont passionnants.

2. Nos voisins ont fait du bruit pendant plusieurs nuits : depuis je leurs en veux énormément. C'en ait fini de notre belle amitié !

3. Prends plutôt du café pour le petit déjeuner ! C'est plus digeste que le café au lait, quoi que tu penses !

4. Je n'imaginais pas quelle fût aussi pingre ; je l'ai compris dès qu'elle m'a dit quelle ne pouvait pas participer à l'achat du cadeau pour Stéphanie.

5. Je n'ai pas les même besoins qu'elle : c'est pourquoi j'accepte de gagner moins d'argent pour un travail qui m'intéresse davantage.

6. Elle ne va pas bien du tout en ce moment mais ses amis ne sans rendent pas compte. Comment pourrions-nous leurs ouvrir les yeux ? Quoique tu en penses, je crois qu'ils pourront l'aider s'ils sont au courant.

7. J'aimerais quelle vienne avec nous en vacances, même si je sais qu'elle est plutôt mer.

8. J'ai mis leurs affaires chez toi, je ne veux plus leurs parler.

9. Quelle jolie veste vous portez ! J'aimerais avoir les mêmes goûts que vous : ils sont si sûrs !

10. Léa leurs a préparé un goûter, mais ils avaient leurs propres friandises et quoi qu'elle ait dit, ils n'y ont pas touché.

8 Même consigne.

1. J'ai utilisé vos stylos, les leurs étaient usagés.

2. Pensez-vous qu'elle ira jusqu'au bout de ses rêves ? Ses parents lui répètent toujours les mêmes choses, qu'elle doit continuer ses études, qu'il faut être raisonnable. Ils la désespèrent, mais ils ne sent rendent pas compte.

3. L'an dernier, j'ai acheté les mêmes chaussures. Mes amies sans sont rendu compte. Je leur ai menti. Plus tôt mentir que d'avouer qu'elles viennent de soldes !

4. Élodie préfère les garçons plutôt bruns. J'ai les mêmes goûts quelle !

5. Quelle projets a-t-elle pour cet été ? Penses-tu quelle viendra nous voir à Oléron ? Quoi que tu en penses, je pense que sa présence plus tôt rassurante nous fera du bien à tous.

6. Les élèves ont de mauvaises notes mais ils s'en moquent ; leurs parents n'ont pas le même avis. Ils ont décidé de leurs supprimer leur argent de poche.

7. Quoiqu'ils aient les mêmes projets que vous, ils préfèrent se passer de vos services.

8. Louis est rentré plus tôt que prévu ; il sans est voulu : personne ne l'attendait !

9. Dès leur arrivée, qu'elles s'installent dans le salon ; je les y rejoindrai et je leurs parlerai du projet.

10. Quelle horrible chemise ! Mets plus tôt ton tee-shirt jaune !

S'entraîner au brevet

9 Polynésie, juin 2002.

1. Lisez l'extrait suivant.

Il essaya honnêtement de faire le travail qu'on lui demandait et qui était bien au-dessus de ses forces depuis longtemps, puis il creva.

Marguerite DURAS, *Un barrage contre le Pacifique*, Gallimard, 1950.

2. Récrivez le passage ci-dessus en remplaçant « il » par « ils » et en faisant toutes les transformations nécessaires.

Aide ▶ Quand **qu'elle(s)** s'écrit en deux mots, on peut le remplacer par **qu'il(s)** : Tout ce **qu'il** dit m'intéresse.

9 Les homophones verbaux

Observer et retenir

Attention aux confusions liées :

■ aux **conjugaisons**
- indicatif imparfait et indicatif passé simple.　　Exemple : je calcul**ais**/je calcul**ai** (1er groupe)
- indicatif présent et subjonctif présent　　Exemple : je r**is**/que je r**ie** (certains verbes du 3e groupe)
- indicatif passé simple et subjonctif imparfait　　Exemple : il v**int**/qu'il v**înt** (2e et 3e groupes)
- indicatif futur et conditionnel présent　　Exemple : je saur**ai**/je saur**ais**

■ à l'**orthographe lexicale des verbes**
Exemples : Il **vente** sur les côtes bretonnes aujourd'hui./Il se **vante** d'avoir réussi à tricher.
Ce poisson **pue** vraiment trop./Il ne **put** pas arriver à temps.

■ à l'**identification des formes verbales**
Exemples : proclam**er**/proclam**é**/je proclam**ais**/je proclam**ai**　　　réuss**i**/il réuss**it**　　　cr**u**/il cr**ut**

S'entraîner

1 Donnez l'infinitif, le temps et le mode des formes verbales en orange.

1. Il **prévint** ses parents de son retard. _____
2. Il demanda qu'on **prévînt** ses parents. _____
3. Que tu **t'assoies** ici ne me dérange pas. _____
4. Quand on l'interrogea, il **redit** qu'il n'avait rien vu.

2 Entourez la forme verbale qui convient.

1. Quand j'ouvris la porte, je (criai/criais) d'effroi. 2. J'(achetai/achetais) tous les matins un pain au chocolat. 3. Si tu le (vois/voies), dis-lui de me téléphoner. 4. Je le (saurai/saurais) même si tu ne veux pas me le dire. 5. Quel que soit le prix qu'il (fixa/fixât), il était sûr de vendre ce Picasso. 6. Que tu ne me (crois/croies) pas m'est bien égal. 7. C'est (réussit/réussi) ! 8. Il faut que je (traie/trais) les vaches tous les jours à la même heure.

3 Entourez le verbe qui convient.

1. Des cloches (raisonnaient/résonnaient) au loin. 2. Le taux de réussite au brevet (croît/croit)-t-il ? 3. Michèle (teint/tint) tous ses vêtements en orange. 4. Il (sut/sue) au moindre effort physique.

4 Complétez par la terminaison qui convient (**-er**, **-é(s)**, **-ais**, **-ait**, **-aient**, **-ez**).

1. Je sav____ bien qu'il finir____ par écout____ tes conseils. 2. Au fond de la cour, vous trouver____ des pneus us____ que je n'ai pas encore jet____. 3. Trop fatigu____ pour continu____ à discut____ avec nous, il est all____ se couch____. 4. Quel que soit le résultat affich____, j'attendr____ de recevoir une lettre officielle. 5. Des phares, à l'horizon, s'allum____ ; je les observ____ de la pointe du cap. 6. Si tu av____ pass____ moins de temps couch____, le canapé ser____ moins us____.

S'entraîner au brevet

5 Lisez l'extrait suivant.

Il y avait trop longtemps qu'Adrienne entendait ces concerts pour qu'elle y <u>trouvât</u> d'ordinaire un plaisir bien vif. [...] Ce jour-là cependant, dès les premiers accords, elle éprouva une émotion singulière. Sans doute les récents événements de sa vie <u>l'avaient-ils rendue</u> plus sensible. Elle <u>écouta</u> une longue phrase qui s'élevait lentement avec une sorte de nonchalance, et passait ensuite par un effort subit à un rythme de plus en plus rapide.

Julien GREEN, *Adrienne Mesurat*.

1. Identifiez le temps et le mode des verbes soulignés dans le texte.
2. Quelle est la nature grammaticale de « subit » ? Employez un verbe homonyme dans une phrase de votre invention.

Aide ▶ Pour identifier les formes verbales, substituez un verbe dont les formes sont différentes à chaque temps et mode, comme « faire ».

10 L'indicatif présent : les verbes difficiles

Observer et retenir

■ Terminaisons

1er groupe -er	2e et 3e groupes -ir, -oir, -re, -indre, -soudre	Autres verbes en -dre	pouvoir vouloir valoir
-e, -es, -e	-s, -s, -t	-ds, -ds, -d	-x, -x, -t
-ons, -ez, -ent	-ons, -ez, -ent	-ons, -ez, -ent	-ons, -ez, -ent

Exemple : cou**dre** → je cou**ds** (verbe en « -dre ») ; pe**indre** → je pein**s** (verbe en « -indre »).

■ Cas particuliers

• **Attention aux accents et au nombre de consonnes :**

céder	acheter	appeler	jeter
je cède	j'achète	j'appelle	je jette
tu cèdes	tu achètes	tu appelles	tu jettes
il cède	il achète	il appelle	il jette
nous cédons	nous achetons	nous appelons	nous jetons
vous cédez	vous achetez	vous appelez	vous jetez
ils cèdent	ils achètent	ils appellent	ils jettent

– Se conjuguent comme **céder** : accéder, accélérer, aérer, assécher, chronométrer, célébrer, compléter, décéder, décréter, espérer, exagérer, imprégner, intégrer, interpréter, opérer, pénétrer, persévérer, précéder, récupérer, succéder.
– Se conjuguent comme **acheter** : fureter, geler, haleter, harceler, marteler, peler, modeler.
– Se conjuguent comme **appeler** ou **jeter** : amonceler, chanceler, dételer, ensorceler, épeler, feuilleter, jumeler, renouveler, ruisseler.

• **Attention à l'orthographe :**
– Les verbes en **-aître** (+ plaire) prennent un accent circonflexe à la 3e pers. sing. : il conna**î**t, il pla**î**t.
– Les verbes en **-cer** prennent une cédille devant **a**, **o**, **u** : je commence/nous commen**ç**ons.
– Les verbes en **-ger** prennent un **e** devant **a**, **o**, **u** : tu manges/nous mang**e**ons.
– Les verbes en **-guer** et **-quer** gardent le **u** : nous manq**u**ons, nous vog**u**ons.

S'entraîner

1 Soulignez les verbes conjugués à l'indicatif présent et indiquez à quel groupe ils appartiennent.

1. Iphis voit à l'église un soulier d'une nouvelle mode ; il regarde le sien et en rougit ; il ne se croit plus habillé. […] Il met du rouge, mais rarement, il n'en fait pas habitude. (La Bruyère, *Les Caractères*)

2. J'entends Théodecte de l'antichambre ; il grossit sa voix à mesure qu'il s'approche ; le voilà entré : il rit, il crie, il éclate. (La Bruyère, *Les Caractères*)

2 Conjuguez les verbes suivants à toutes les personnes de l'indicatif présent.

1. récupérer   2. voguer   3. tournoyer   4. peler   5. amonceler

10 L'indicatif présent : les verbes difficiles

6. valoir   7. moudre   8. pincer   9. partager   10. essuyer

3 Conjuguez les verbes entre parenthèses à l'indicatif présent.

1. Nos cousins (projeter) _____ de partir en vacances avec nous, mais nous (rejeter) _____ cette idée avec vigueur ! 2. Vous me (rappeler) _____ ma grand-mère, celle que j'(appeler) _____ « bonne maman ». 3. Je (procéder) _____ à l'inventaire et vous, vous (procéder) _____ à la vérification. 4. Si tu (persévérer) _____ dans cette voie tu réussiras ! 5. Je n'(aimer) _____ pas quand il (fureter) _____ ainsi partout ! 6. Même si tu (aérer) _____ cette chambre, il y flottera toujours une odeur étrange. 7. Où (aller) _____ -tu ? J'(espérer) _____ que tu seras de retour pour le dîner. 8. Je ne (savoir) _____ comment il fait, mais il (ensorceler) _____ toutes les femmes qu'il (rencontrer) _____ .

4 Même consigne.

1. Vous (pénétrer) _____ maintenant dans la grotte où l'on a trouvé les dessins les plus anciens ; une atmosphère étrange l'(imprégner) _____ . 2. Comment (interpréter) _____ -vous ce qu'il a dit ? Moi, je l'(interpréter) _____ mal ! 3. Nous (accélérer) _____ la cadence, mais il nous (précéder) _____ . 4. Nous vous (rappeler) _____ comme promis. 5. Nous (assécher) _____ les marais pour pouvoir cultiver. 6. Je (mettre) _____ un pull car il (geler) _____ . 7. Les étoiles (étinceler) _____ ; la pluie (ruisseler) _____ . 8. Je (feuilleter) _____ mon livre d'exercices et je (chanceler) _____ devant tant de travail en perspective !

5 Toutes ces formes verbales sont correctes, mais à chaque fois une seule d'entre elles correspond à un indicatif présent : entourez-la.

1. nous courrons/je coure/il court/tu courrais.
2. je faillis/elle faillait/il faillit/nous faillissions.
3. tu meus/elle mouvra/nous mouvions/il mut.
4. elles sachent/sachons/elles savent/tu sus.

6 Reliez ces formes à la personne ou aux personnes de l'indicatif présent auxquelles elles peuvent correspondre.

1. vis •
   • 1re personne
   • 2e personne
   • 3e personne

3. interprètes •
   • 1re personne
   • 2e personne
   • 3e personne

2. feuillette •
   • 1re personne
   • 2e personne
   • 3e personne

4. reconnaît •
   • 1re personne
   • 2e personne
   • 3e personne

S'entraîner au brevet

7 Centres étrangers, groupe 1, juin 2001.

1. Lisez l'extrait suivant.

Or Laurent manqua ce rendez-vous, et il en manqua aussi deux autres dans la suite. La première fois le taxi auquel il s'était confié dérapa et le jeta dans un tas d'épines d'où il sortit indemne mais en loques ainsi que le chauffeur. La deuxième fois il fit le trajet à vélo et fut arrêté par la police en arrivant à Pontbaut.

André DHÔTEL, « Le Train de l'aurore », *La Nouvelle Chronique fabuleuse*, éd. Pierre Horay, 1984.

2. Récrivez ce passage à la première personne du singulier et au présent de narration.

21

11 L'indicatif passé simple : les conjugaisons

Observer et retenir

Au passé simple, il existe plusieurs types de conjugaison. Identifiez bien le groupe du verbe avant de le conjuguer.

Attention ▸ N'oubliez pas l'accent circonflexe pour la première et la deuxième personnes du pluriel.

1er groupe : je not**ai**, tu not**as**, il not**a**, nous not**âmes**, vous not**âtes**, ils not**èrent**.
2e groupe : je réuss**is**, tu réuss**is**, il réuss**it**, nous réuss**îmes**, vous réuss**îtes**, ils réuss**irent**.
3e groupe : j'écriv**is**, tu écriv**is**, il écriv**it**, nous écriv**îmes**, vous écriv**îtes**, ils écriv**irent**.
Je l**us**, tu l**us**, il l**ut**, nous l**ûmes**, vous l**ûtes**, ils l**urent**.
Je v**ins**, tu v**ins**, il v**int**, nous v**înmes**, vous v**întes**, ils v**inrent**.

S'entraîner

1 Conjuguez les verbes à la 1re et à la 3e personnes du pluriel.

1. appeler _____ ; _____.
2. faire : _____ ; _____.
3. partir : _____ ; _____.
4. retenir : _____ ; _____.
5. croire : _____ ; _____.
6. dire : _____ ; _____.
7. prendre : _____ ; _____.
8. commencer : _____ ; _____.

2 Pour retrouver le texte original, conjuguez les verbes au passé simple.

C'était d'ailleurs une nuit affreuse : le vent hurlait, la pluie battait les vitres. Soudain, parmi tout le vacarme de la tempête (jaillir) _____ le hurlement sauvage d'une femme dans l'épouvante. Je (reconnaître) _____ la voix de ma sœur. Je (sauter) _____ à bas de mon lit, m'(envelopper) _____ d'un châle, et me (précipiter) _____ dans le couloir. Au moment où j'(ouvrir) _____ ma porte, il me (sembler) _____ entendre le sifflement étouffé que ma sœur m'avait décrit, puis une ou deux secondes plus tard, un son métallique comme si un lourd objet de métal était tombé.

Conan Doyle, « Le Ruban moucheté », *Trois aventures de Sherlock Holmes*, éd. Magnard.

S'entraîner au brevet

3 Nancy-Metz, série technologique, 2001.

1. Lisez l'extrait suivant.

Je devins brusquement « Quatre-œils ». Comme j'étais un peu voûté on trouva que j'étais bien mal fichu. À force de m'appeler « Quatre-œils » et « Malfichu », on me surnomma « Malbichu ». À partir de ce jour j'avançai dans la vie avec ce sobriquet de Malbichu. Je m'y attachai comme à mes yeux.

D'après René Frégni, *Le Voleur d'innocence*.

2. Récrivez ce passage en remplaçant « je » par « elle ».

Aide ▸ Changer un pronom personnel sujet entraîne des modifications dans la conjugaison des verbes.

12 Ne pas confondre nature et fonction

Observer et retenir

- La maison **dont** je t'ai parlé a été vendue. → nature : **pronom relatif**
  → fonction : **C.O.I.** du verbe « ai parlé »
- La maison **dont** les volets sont bleus est à vendre. → nature : **pronom relatif**
  → fonction : **complément du G.N.** « les volets »
- **Paul** arrive à l'instant. → nature : **nom propre**
  → fonction : **sujet** du verbe « arrive »
- J'ai vu **Paul** à la gare. → nature : **nom propre**
  → fonction : **C.O.D.** du verbe « ai vu »
- Je sais qui a mangé toutes les pistaches : c'est **Paul** ! → nature : **nom propre**
  → fonction : **attribut du sujet** « c' »

■ La **nature** d'un mot est la classe grammaticale à laquelle appartient ce mot : adverbe, préposition, nom (commun ou propre), article (partitif, défini ou indéfini), etc. Elle **ne change jamais**, quelle que soit la phrase dans laquelle est employé ce mot.

■ La **fonction** correspond au rôle du mot dans la phrase ; **elle varie** donc. Un mot n'a de fonction que par rapport aux autres éléments de la phrase.

S'entraîner

1 Associez chaque nature de mots qui vous est proposée au mot en bleu correspondant.

Adjectif exclamatif • • **Personne** ne m'écoute.
Conjonction de coordination • • **Quel** beau caillou !
Pronom indéfini • • J'ai invité **quelques** amis.
Adverbe de quantité • • Tais-toi **ou** va-t'en !
Adjectif indéfini • • C'est un exercice **ennuyeux** !
Conjonction de subordination • • J'ai mangé **trop de** couscous…
Adjectif qualificatif • • J'espère **qu'**elle sera là.

2 Associez la fonction au mot en bleu correspondant.

Complément circ. de cause • • Voici le père **de Mathilde**.
Complément d'agent • • Je suis en retard **en raison des embouteillages**.
Complément du nom • • Ils ont été surpris **par l'orage**.
Complément d'objet indirect • • Je **leur** ai tricoté un joli pull.
Apposition • • J'ai téléphoné **à mes cousines**.
Complément d'objet second • • **Énervé**, il nous a mis à la porte.

3 Donnez la fonction des groupes de mots introduits par **pour** : complément circonstanciel de but, de lieu ou de cause, attribut du sujet ou du C.O.D.

1. Limoges est réputée pour sa porcelaine. _____ 2. Il est parti pour New York. _____ 3. Pour maigrir, tu ne devrais pas mettre de crème sur tes fraises ! _____ 4. Marc a proposé de venir plus tôt pour nous aider à tout préparer. _____ 5. Me prendrais-tu pour un imbécile ? _____ 6. Sache que je passe pour intelligent ! _____

4 Donnez la fonction des groupes de mots introduits par **de** et **par**.

1. On l'a trouvé par hasard. _____ 2. Les enfants sont sceptiques : le père Noël est entré par la fenêtre. _____ 3. Les adolescents sont attirés par les jeux vidéo. _____ 4. Clémentine est tombée par étourderie. _____ 5. Je vous présente la meilleure amie de mon frère. _____ 6. Cette chanson est en tête des hit-parades, visiblement elle est appréciée de tous. _____ 7. Va chercher des noix, l'écureuil est enfin descendu de son arbre ! _____ 8. De bon matin, nous sommes partis ramasser des escargots. _____ 9. Le garagiste est sûr de son diagnostic.

12 Ne pas confondre nature et fonction

5 Complétez le tableau suivant en indiquant la nature ou la fonction des mots en bleu.

	Nature	Fonction
Hier, j'étais à la piscine.		C. C. temps
Tous les matins, je sors mon chien.		
Fais la vaisselle **avant de sortir**.		
Je **te** vois !	Pronom personnel	
J'ai acheté **un scooter**.	G. N.	
Je déteste **courir** !	Verbe à l'infinitif	
Qui est là ?		
Que veux-tu ?		
À **qui** parles-tu ainsi ?		
Elle a triché !		
On ne s'ennuie pas avec **elle** !		
Je suis impatient de **la** connaître.		
Elle, elle m'agace.		
Je **lui** enverrai la facture !		

6 Lisez le texte suivant :

Avant de reprendre sa route, il parcourut des yeux, une dernière fois, la campagne ensommeillée. Sous l'ample ruissellement de la clarté lunaire, les terres reposaient avec leurs étangs et leurs bois. On ne sentait glisser nul souffle ; un silence extraordinaire, léger, serein, flottait par toute l'étendue ; pas un cri de nocturne en chasse, pas un appel de courlis ; Raboliot n'entendit, comme il descendait la pente, qu'un petit choc net sur le sol : un lapin qui tapait de la patte, ayant sans doute éventé sa présence. [...]
Dans les prés gorgés d'eau, les mottes de glaise tremblaient avec un petit bruit spongieux ; au bord d'une fontaine qui luisait à travers des touffes d'herbes, il arracha une poignée de cresson, l'écrasa sous ses dents, tiges et feuilles, heureux de cette acidité brûlante qui giclait dans sa bouche et lui râpait la langue.

MAURICE GENEVOIX, *Raboliot*.

1. Relevez les noms ou les G.N. qui son C.O.D. (vous préciserez le verbe qu'ils complètent).

2. Relevez les compléments circonstanciels de lieu.

7 Relevez dans ce texte tous les C.O.D. et indiquez leur nature.

1. Je veux gagner ! **2.** J'ai vu au cinéma de mon quartier un excellent film. **3.** Hier, à la patinoire, j'ai rencontré Cassandre. **4.** Quand je suis au bord de la mer, je regarde les mouettes plonger dans l'eau. **5.** Je me demande qui viendra samedi. **6.** Je sais bien que tu me racontes des histoires ! **7.** Nous vous invitons pour le week-end dans notre maison de campagne.

S'entraîner au brevet

8 **1.** Lisez l'extrait suivant.

Un soir, l'idée saugrenue nous vint, à ma cousine et à moi, de passer la nuit dans le sous-bois du parc. Éprises d'une liberté soudaine, nous montâmes à la hâte une tente approximative au pied d'un gros chêne. [...] Un grand vent se leva tout à coup [...] dans un grondement sourd et continu qui rendait nos paroles parfaitement inaudibles.

Marc BILLET, *Cruelle douceur*, 2002.

2. Relevez tous les adjectifs qualificatifs et précisez leur fonction.

13 Le sujet et l'attribut du sujet

Observer et retenir

■ **Exemple :** Les réfugiés sont arrivés hier.

Le **sujet** est le mot avec lequel le verbe s'accorde en personne, en nombre et parfois en genre. **Élément essentiel** de la phrase, le sujet **ne peut être supprimé** (sauf mode impératif où il n'est pas exprimé : Arrête !)

■ **Exemple :** Marthe semble fatiguée.

L'**attribut du sujet**, qui donne une **information** sur le sujet (identité, qualité), est mis en relation avec celui-ci par un **verbe d'état** (être, devenir, sembler). Lorsqu'il s'agit d'un adjectif, d'un participe passé ou de la plupart des pronoms, l'attribut du sujet **s'accorde** avec le sujet.

S'entraîner

1 Encadrez le sujet de chaque verbe en bleu et précisez sa nature.
1. Je ne sais quel tee-shirt choisir ; tous me **plaisent** ! 2. Tu **es** tout beau avec ce costume ! 3. Nager **est** bon pour garder la forme. 4. Que nous **avez**-vous fait ? 5. Que tu sois encore en retard **commence** à m'agacer ! 6. Qui cherche **trouve**. 7. Quelqu'un est venu mais personne ne **sait** qui.

2 Rendez à chaque phrase son sujet.

Sébastien et Marie	•	•	n'était pas satisfait de sa prestation.
Barthélemy	•	•	sera la victime idéale...
Léa	•	•	se sont montrées des plus charmantes.
Vos cousines	•	•	sont restés amis malgré cette dispute.

3 Dans quelles phrases repérez-vous des attributs du sujet ? Soulignez-les.
1. Depuis longtemps déjà, elle se montrait nerveuse et son comportement nous laissait pantois. 2. J'aime le café bien chaud et très sucré. 3. La vie n'est pas un long fleuve tranquille ! 4. Êtes-vous là ? 5. Élise devient acariâtre en vieillissant. 6. Je vais préparer des escargots ; reste-t-il du persil ? 7. Nous serons à Antibes tout l'hiver. 8. Vous êtes les bienvenus chez nous. 9. Pourquoi Vincent a-t-il l'air fâché ? 10. Le principal est que tu participes.

4 Dans ces phrases, certains verbes, participes passés et adjectifs n'ont pas été accordés correctement avec le sujet : entourez-les et rétablissez les accords.
1. Mesdames et messieurs, vous êtes arrivées à Lyon. 2. Est-ce toi qui m'a envoyé ces fleurs ? 3. Il n'étaient pas évident que vous puissiez tous être là. 4. Christine, une grande amie à moi, m'avaient promis de venir ce week-end. 5. C'est moi qui l'a vu le premier ! 6. Ce n'est pas moi qui prétend tout savoir, ce sont mes camarades qui le disent...

S'entraîner au brevet

5 Aix-Marseille – Corse – Montpellier – Nice – Toulouse, juin 2002.
1. Lisez l'extrait suivant.
Miraut comprit que tout était fini, qu'il n'avait plus rien à attendre ni à espérer et, ne voulant malgré tout point déserter ce village qu'il connaissait, ces forêts qu'il aimait, ne pouvant se plier à d'autres habitudes, se faire à d'autres usages, il s'en alla, sombre, triste, honteux, la queue basse et l'œil sanglant, jusqu'à la corne du petit bois de la Côte où il s'arrêta.

Louis PERGAUD, *Le Roman de Miraut*.

2. Remplacez Miraut par « Les deux chiens » et récrivez ce passage en faisant les modifications nécessaires.

14 Phrases simples et phrases complexes

Observer et retenir

- Une **phrase simple** comporte **une seule proposition** : Il pleut des cordes.
- Une **phrase complexe** comporte **plusieurs propositions**.

On trouve alors soit :
- **des propositions indépendantes** qui peuvent être :
– **juxtaposées** (signe de ponctuation) : Il pleut des cordes ; prends ton parapluie.
– **coordonnées** (mais, ou, et, donc, or, ni, car) : Prends ton parapluie car il pleut.
- une **proposition principale** et une **proposition subordonnée** : J'ai peur qu'il pleuve.
  - verbe principal — verbe subordonné

Remarque ▶ La proposition subordonnée dépend de la principale ; elle ne peut pas fonctionner seule.
La proposition subordonnée peut être :
- une **relative** (introduite par un pronom relatif), épithète (quand elle a un antécédent) ou ayant n'importe quelle fonction d'un nom : Je regarde la pluie qui tombe.
- une **complétive** :
– **conjonctive** (introduite par « que ») : J'espère qu'il ne pleuvra pas.
– **infinitive** (pas de subordonnant) : Je regarde la pluie tomber.
– **interrogative indirecte** (introduite par « si » ou un mot interrogatif) : Je te demande s'il pleut !
- une **circonstancielle** :
– **conjonctive** (introduite par une conjonction de subordination, sauf « que ») : Rentre puisqu'il pleut.
– **participiale** (pas de subordonnant) : La pluie tombant à seaux, on dut arrêter le match.

S'entraîner

1 Combien y a-t-il de propositions dans ces phrases ? Quand vous en repérez plusieurs, indiquez si elles sont juxtaposées, coordonnées ou s'il y a une principale et une subordonnée.

1. Nous sommes en retard, dépêche-toi ! _____
2. J'avais l'intention de t'offrir un cadeau, mais je n'ai rien trouvé ! _____
3. Je crois bien que j'ai oublié son anniversaire... _____
4. J'avais demandé qu'on ne me dérange pas. _____
5. Béatrice cherche quelqu'un qui puisse l'aider. _____
6. Il a dit qu'il allait chercher son carnet de chèques, oublié dans la voiture, et il n'est jamais revenu... _____
7. Dans cette lointaine contrée, il pleut, il vente, il neige. _____

2 Ces phrases sont constituées de deux propositions indépendantes : transformez-les de façon à obtenir une proposition principale et une subordonnée.

1. Je travaille trop ; je suis fatigué. ➜ _____
2. J'ignore une chose : à quelle heure viendras-tu ? ➜ _____
3. J'ai acheté un livre de Michel Déon ; tu m'avais beaucoup parlé de ce livre. ➜ _____
4. Vous ne pourrez pas naviguer aujourd'hui : il y a énormément de vent. ➜ _____
5. Nous vous le promettons : nous ne cacherons plus jamais de souris dans votre lit. ➜ _____
6. Je cherche une voiture d'occasion : cette voiture doit avoir un moteur neuf, une carrosserie impeccable et un intérieur en excellent état ➜ _____

14 Phrases simples et phrases complexes

3 1. Soulignez les subordonnées participiales, quand vous en repérez, et encadrez leur sujet.
2. Transformez ensuite ces phrases afin d'obtenir une principale et une subordonnée conjonctive.

Attention ▸ Rappelez-vous que dans une subordonnée participiale, le sujet du verbe au participe est différent du sujet du verbe principal.

a. Le raisin étant mûr, il faut faire les vendanges. → _____
b. Patrick étant en retard, il n'a pas pu nous rejoindre. → _____
c. Le train partant tout juste, Amélie arriva essoufflée dans le hall de gare, son billet à la main. → _____
d. N'y voyant rien, Sherlock Molls avançait à tâtons dans le souterrain. → _____

4 Soulignez les propositions subordonnées relatives et précisez leur fonction : épithète de l'antécédent, sujet, complément circonstanciel, complément d'objet direct, indirect, etc.

1. Je me souviens de ce qui m'a fait défaut. _____ 2. Va où tu veux ! _____ 3. Je me moque de ce que tu peux faire ! _____ 4. Nous irons à la piscine avec qui nous voulons ! _____ 5. Quiconque souhaite venir est le bienvenu. _____ 6. Si tu veux qu'il t'écoute, pourquoi ne lui parles-tu pas de ce qui l'intéresse ? _____ 7. Il raconte son histoire à qui veut l'entendre. _____ 8. Cet entrepreneur manque de main d'œuvre ; il est prêt à embaucher qui voudra ! _____ 9. Il ne faut pas chercher à tricher, mais simplement être qui on est. _____ 10. Aurélie répondit à ses parents qu'elle épouserait qui elle voudrait. _____ 11. C'est la faute de qui tu sais. _____

5 Soulignez les propositions subordonnées puis indiquez leur nature et leur fonction.

1. Le cadeau que tu m'as offert ne me plaît pas du tout. _____
2. Les parents étant absents, nous avons organisé une fête à la maison. _____
3. Le jour se levant, les oiseaux gazouillent. _____
4. Étant donné que Caroline n'a rien fait ce trimestre, elle n'ira pas en Angleterre ! _____
5. Nous vous téléphonons afin que vous confirmiez notre rendez-vous. _____
6. Depuis déjà une heure, nous écoutons Stéphane raconter des bêtises. _____
7. Je pense que tu peux recommencer cet exercice ! _____

6 Ces phrases sont constituées d'une proposition principale et d'une subordonnée : transformez-les pour obtenir deux propositions indépendantes.

1. Je te prie de sortir ! → _____
2. Comme nous ne savions pas quoi acheter, nous avons pris des éclairs au chocolat. → _____
3. Quand tu auras fait tes devoirs, tu regarderas la télévision. → _____
4. J'ignore si elle a été invitée à l'anniversaire de Capucine. → _____
5. Je dois me dépêcher car je suis garé en double file ! → _____
6. N'ayant plus de lait, je n'ai pas pu vous faire de crêpes ! → _____

S'entraîner au brevet

7 Amiens – Créteil – Lille – Paris – Rouen – Versailles, septembre 2001.
Lisez l'extrait suivant.
[Ils] n'appellent plus mais hurlent, des fenêtres commencent à s'allumer aux maisons voisines et des gens se fâchent.

Christian BOBIN, *La Folle Allure*, Gallimard, 1995.

1. Recopiez chaque proposition séparément.
2. Récrivez ce passage en remplaçant la virgule par une subordination.

15 Les expansions du nom

Observer et retenir

On appelle **expansion du nom** un ou plusieurs mots qui apportent une information complémentaire à ce nom, en précisent le sens. Supprimable, l'expansion du nom peut être :

- un **adjectif qualificatif**, épithète liée ou détachée : un **énorme** gâteau/**Rapide**, ce scooter te sera très utile.
- un **nom** ou un **G.N. apposé** : ta sœur, **cette chipie**/l'île **de Rhodes**
- un **groupe prépositionnel** : une brosse **à dents**/le château **de ma mère**
- une **proposition subordonnée relative** : le cheval **que tu aperçois au milieu de la pâture**

Remarque ▸ Introduite par un pronom relatif, la fonction de la proposition relative est épithète de l'antécédent.

S'entraîner

1 1. Soulignez les propositions subordonnées relatives et encadrez les noms (ou G.N.) dont elles sont épithètes.
2. Indiquez la fonction du pronom relatif.

a. Ils reconnurent la maison à un vieux noyer qui l'ombrageait. _____ **b.** La bonne femme l'accompagna jusqu'au bout de la cour, tout en parlant du mal qu'elle avait à se relever la nuit. _____ **c.** C'était une de ces coiffures d'ordre composite, où l'on retrouve les éléments du bonnet à poil, du chapska, du chapeau rond. _____ **d.** Charles se remit donc au travail et prépara sans discontinuer les matières de son examen, dont il apprit d'avance toutes les questions par cœur. _____ **e.** Il aimait le père Rouault qui lui tapait dans la main. _____

Gustave FLAUBERT, *Madame Bovary*.

2 Soulignez les expansions du nom : sont-elles des noms (ou G.N.) apposés ou des groupes prépositionnels ?

1. Laisse-moi le temps d'arriver ! _____ **2.** La mode d'aujourd'hui est parfois surprenante. _____ **3.** La ville de Marseille a bien changé depuis le début du siècle. _____ **4.** Ils ont équipé les bureaux de nouvelles machines à écrire. _____ **5.** J'aimerais retourner dans l'île de Saint-Domingue, véritable paradis. _____ **6.** Élise n'a rien à faire avec une personne de son espèce. _____ **7.** J'ai commandé une pizza aux artichauts, le plat préféré de Nicolas. _____ **8.** On a remis au goût du jour les fauteuils en skaï. _____ **9.** Paris, capitale de la mode, attire toujours beaucoup d'étrangers. _____ **10.** Je rêve d'une énorme tarte aux fraises ! _____ **11.** Nous habitons maintenant dans le quartier Saint Jean. _____ **12.** L'île de Santorin surprend toujours le voyageur qui arrive en bateau. _____

S'entraîner au brevet

3 Grèce, juin 2003.
1. Lisez l'extrait suivant.
[...]
Ma belle machine à écrire qui sonne au bout de chaque ligne et qui est aussi rapide
Qu'un jazz
Ma belle machine à écrire qui empêche de rêver à bâbord comme à tribord
Et qui me fait suivre jusqu'au bout une idée
Mon idée

Blaise CENDRARS, *Feuilles de route*, © Éditions Denoël, 1947, 1963, 2001.

2. Indiquez la nature des expansions du groupe nominal « ma belle machine à écrire ». Quels sont les deux sens du verbe « écrire » ? Que révèlent ces expansions ?

16 L'expression du temps et du lieu

Observer et retenir

- Le **complément circonstanciel de lieu** (C.C. lieu) indique où l'on est, où l'on va, d'où l'on vient, par où l'on passe.
- Le **complément circonstanciel de temps** (C.C. temps) apporte une précision concernant la date, la durée, la fréquence. Il peut aussi évoquer un fait **simultané** (pendant), **postérieur** (avant que), ou **antérieur** (après que) à l'action exprimée par le verbe principal.

Nature	C.C. Temps	C.C. lieu
Nom ou G.N.	Je préfère voyager **la nuit**.	J'ai un studio **rue Montmartre** !
Groupe prépositionnel	Je suis en vacances **pour trois semaines**.	Je resterai **près de toi**.
Adverbe/pronom adverbial	J'arrive **demain**.	J'**y** suis, j'**y** reste !
Participe ou gérondif	**En arrivant**, je passerai te voir.	Ø
Prop. sub. conjonctive	Viens **quand tu veux**.	Ø
Prop. sub. participiale	**La tempête s'étant calmée**, le bateau rentre au port.	Ø
Prop. sub. relative	Ø	Va **où tu veux** !

S'entraîner

1 1. Soulignez les compléments circonstanciels de temps ; précisez leur nature et la nuance exprimée (date, durée, etc.).
2. Dans quelles phrases la proposition subordonnée complément circonstanciel évoque-t-elle une action simultanée ? antérieure ?
a. L'an prochain, ils iront aux Antilles.

b. Alors qu'ils entraient dans le grenier, Léo et Léa entendirent des bruits qui les effrayèrent.

c. Olivier connaît bien ce bois ; en rentrant de Paris, il a coutume de s'y arrêter pour cueillir des morilles.

d. Dès que nous serons revenus de vacances, nous tapisserons le salon.

2 Dans ce texte, les compléments circonstanciels de lieu et de temps ont été supprimés : rétablissez-les.
dans les armoires – 6 août – à deux heures – la nuit – 4 août/dans mon parterre de rosiers – en plein soleil – cette fois – tout près de moi.
_____ - Querelles parmi mes domestiques. Ils prétendent qu'on casse les verres, _____, _____. Le valet de chambre accuse la cuisinière, qui accuse la lingère, qui accuse les deux autres. Quel est le coupable ? Bien fin qui le dirait ! _____ - _____, je ne suis pas fou. [...] J'ai vu !... Je me promenais _____, _____, _____, je vis, je vis distinctement, _____, la tige d'une de ces roses se plier, comme si une main invisible l'eût tordue.

Guy DE MAUPASSANT, *Le Horla*.

S'entraîner au brevet

3 Grèce, juin 2003
1. Lisez l'extrait suivant.
Clair de lune
On tangue on tangue sur le bateau
La lune la lune fait des cercles dans l'eau
Dans le ciel c'est le mât qui fait des cercles
Et désigne toutes les étoiles du doigt
[...]

Blaise CENDRARS, *Feuilles de route*, © Éditions Denoël, 1947, 1963, 2001.

2. Identifiez trois compléments circonstanciels de lieu. Qu'en concluez-vous sur la situation des passagers ?

17. L'expression de la cause et de la conséquence

Observer et retenir

La cause et la conséquence **sont liées** : on choisit de mettre en valeur l'une ou l'autre.
Exemples : Je t'accompagnerai au concert **parce que j'adore ce groupe**. (cause)
J'adore ce groupe **si bien que je t'accompagnerai au concert**. (conséquence)

- On exprime la **cause** grâce à :
- un **groupe prépositionnel** : Je suis en retard **à cause des embouteillages**.
- un **gérondif** ou un **participe** : **En voulant trop en faire**, il s'est épuisé.
- une **proposition subordonnée conjonctive** : Je reste **puisque tu insistes**.
- une **proposition subordonnée participiale** : **Nos parents étant sortis**, nous en avons profité pour regarder un film.
- une **proposition indépendante, coordonnée ou juxtaposée** : Je préfère partir ; **ses discours m'agacent** !

- On exprime la **conséquence** grâce à :
- un **groupe prépositionnel** : Il gèle **à pierre fendre**.
- une **proposition subordonnée conjonctive** : Tu insistes **tellement que je vais rester encore un peu**.
- une **proposition indépendante, coordonnée ou juxtaposée** : Ses discours m'agacent ; **je préfère partir** !

S'entraîner

1 Soulignez l'expression de la cause et indiquez sa nature.

1. Je préfère me reposer ; je suis encore un peu fatiguée. _____
2. À force de s'acheter autant de sacs à main, ta cousine pourra bientôt ouvrir sa propre boutique. _____
3. En tombant, l'athlète s'est fracturé une cheville. _____
4. Il est hors de question que Violette nous accompagne au cinéma, vu qu'elle n'a pas terminé son devoir d'histoire ! _____
5. Je ne t'écoute même plus car tu ne racontes que des sottises ! _____
6. Les voisins s'étant absentés, vous pouvez faire autant de bruit que vous voulez ! _____

2 Indiquez si les groupes de mots soulignés expriment la cause ou la conséquence et précisez leur nature.

1. Des hommes, <u>à la suite d'accidents</u>, perdent la mémoire des noms propres ou des verbes et des chiffres. (Maupassant, *Le Horla*) _____
2. Sétoc, <u>enchanté</u>, fit de son esclave son ami intime. (Voltaire, *Zadig*) _____
3. J'étais tellement stupéfait, <u>que je balbutiais mes réponses</u>. (Maupassant, *Le Horla*) _____

S'entraîner au brevet

3 Lisez l'extrait suivant.

Monsieur le baron était un des plus puissants seigneurs de la Vesphalie, car son château avait une porte et des fenêtres. Sa grande salle même était ornée d'une tapisserie.

VOLTAIRE, *Candide*.

1. Relevez, dans la première phrase, une expression de la cause. Que pensez-vous de la logique ainsi proposée ? Comment qualifieriez-vous le ton du narrateur ?
2. Apportez les modifications nécessaires pour exprimer la cause au moyen d'une subordonnée, puis transformez la phrase ainsi obtenue en inversant le rapport cause/conséquence, de façon à obtenir une proposition subordonnée de conséquence.

Aide ▶ Ne confondez pas **conjonction de subordination** (parce que, si bien que, étant donné que, de sorte que) et **conjonction de coordination** (car, donc) quand on vous demande d'inverser un rapport logique.

CORRIGÉS

Français 3e

LE MOT

1. La formation des mots, page 5

1 1. as/sèche/ment (rad. *sec* au féminin) – 2. bi/lingu/isme (rad. *lingu*, c'est-à-dire « langue ») – 3. dé/matéri/alisation (rad. *matériel* de « matériel ») – 4. programm/ation (rad. *programme*) – 5. interroge/able (rad. *interroger*) – 6. ré/utilis/able (rad. *utiliser*) – 7. r/em/boîte/ment (rad. *boîte*) – 8. anti/sémit/isme (rad. *sémite*).

2 1. dénomination – 2. gérance et gestion – 3. bond – 4. décoloration – 5. parution – 6. flair – 7. tension – 8. élection – 9. bouderie – 10. omission – 11. fermeture – 12. flétrissure.

3 1. graine, grainetier, grainage, granulé, égrainer, grenier – 2. croire, croyance, incroyable, incrédule, crédible, mécréant – 3. côte, côtier, côtelette, accoster, accostage, accotement – 4. vêtement, dévêtir, revêtement, veste, veston.

4 1. ininflammable – 2. empierrer – 3. indigeste – 4. indescriptible – 5. désamorcer – 6. indéracinable – 7. alourdir – 8. assainir.

5 1. être sans espoir – 2. qui n'est pas prévu – 3. qui n'est pas normal – 4. qui n'est pas légal.

6 1. **a.** une seule personne prend la parole – **b.** qui est relatif à la vie – **c.** qui revêt plusieurs formes – **d.** qui est relatif à l'eau. 2. On constate que des mots de même sens peuvent être formés d'éléments provenant d'origines différentes (latin et grec).

7 1. une seule personne gouverne – 2. un nombre limité de personnes gouvernent – 3. entretien des forêts – 4. fait de se ronger les ongles – 5. cannibalisme – 6. avoir plusieurs conjoints – 7. avoir un seul conjoint – 8. qui tend à éloigner du centre – 9. qui protège du feu – 10. technique qui utilise la réflexion (écho) d'un faisceau d'ultrasons.

8 1. illicite – 2. inimaginable – 3. irréalisable – 4. infaisable – 5. incorruptible – 6. irremplaçable.

9 1. préférer – 2. prédisposé – 3. prétendre – 4. préposé – 5. prédire – 6. présage – 7. prélavage – 8. prévenir – 9. prématuré – 10. prélude.

10 1. populace – 2. richard – 3. paillasse – 4. blanchâtre – 5. verdâtre – 6. rougeaud.

11 1. qui produit de la soie.
2. suffixe « mal » + radical latin « odor » (odeur) + suffixe adjectival « ant ». Odeur, odorant.
3. suffixe « ment », qui permet de former des adverbes.

2. Homonymes/paronymes, synonymes/antonymes, page 7

1 1. plan – 2. parti – 3. huis – 4. plaine – 5. censée – 6. terme – 7. voix – 8. pause.

2 1. **a.** joyeux, gai **b.** triste, taciturne – 2. **a.** dire du mal de **b.** encenser, louer – 3. **a.** extraordinaire **b.** inintéressante – 4. **a.** interdiction **b.** autorisation.

3 1. lame – 2. importunes – 3. conjoncture – 4. l'allocation – 5. expansions.

4 1. Comment calcule-t-on l'aire du triangle ? Tu as l'air fatigué. Nous sommes entrés dans l'ère du multimédia.
2. Il s'en moque peu ou prou. La proue du bateau a heurté un rocher.

5 1. cambrioleur – 2. effrayé, débandade ou fuite affolée – 3. Pour faire une erreur pareille, il fallait vraiment être idiot (bête, stupide).

3. Champ sémantique/champ lexical, page 8

1 1. sens figuré ; Qu'as-tu fait de ta jeunesse ? – 2. sens figuré ; L'hébreu est une langue très difficile à apprendre. – 3. sens figuré ; Inspirez, expirez ! – 4. sens figuré ; Dans le désert, il arrive fréquemment que l'on voit des mirages.

2 1. enquête policière – 2. théâtre – 3. parfum – 4. honte.

3 1. clé de sol, rythme, instruments, orchestre, mélodie, jazz, partition – 2. coup, battre, agressivement, rage, haine, taper, cri, hurlement, incontrôlable – 3. avancer, tourner, de bas en haut, geste, bouger, glissade, amplitude – 4. hurler, rouge, exploser, bouillir, gronder, réprimande, contrariété.

4 1. Les termes appartenant au champ lexical de la mémoire sont « réminiscence » et « souvenir ».
2. Une réminiscence est un souvenir vague, imprécis.

4. Quelques figures de style, page 9

1 1. en : préposition – 2. on dirait : verbe – 3. égal à : adjectif suivi d'une préposition – 4. comme : adverbe – 5. tel : adjectif – 6. as l'air : locution verbale – 7. plus que : locution adverbiale – 8. semblaient : verbe – 9. comme : adverbe – 10. Comme si : conjonction de subordination.

2 1. comparaison : comme – 2. comparaison : Ainsi qu' – 3. métaphore : la mer est comparée à un toit – 4. comparaison : Ainsi que – 5. métaphore : le mouvement des ailes est comparé au mouvement des rames. – 6. métaphore : le poète fait allusion aux feuilles des arbres qui « macèrent » dans les flaques d'eau – 7. métaphore : la jeunesse est comparée à une fleur qu'il faut cueillir ; comparaison : Comme.

3 1. Elle est morte. – 2. Clémentine est maigre. – 3. C'est une mauvaise idée [...]. – 4. Il est mort. – 5. Non seulement Jacques est idiot [ou bête], mais en plus il est laid.

4 1. hyperbole – 2. anaphore – 3. hyperbole – 4. antithèse – 5. hyperbole – 6. gradation – 7. anaphore

5 1. **a.** s'approprier, possédons **b.** comme un trésor, comme le patrimoine collectif inviolable de l'humanité 2. la lune.

5. Accorder les participes passés, page 11

1 **a.** prises : avoir, le p.p. s'accorde avec le C.O.D. placé avant ; effrayé : avoir, le p.p. ne s'accorde pas avec le C.O.D. placé après – **b.** préparé : avoir, le p.p. ne s'accorde pas avec le C.O.D. placé après ; faite : avoir, le p.p. s'accorde avec le C.O.D. placé avant ; questionné : avoir, le p.p. s'accorde avec le C.O.D. placé avant ; imaginé : avoir, le p.p. ne s'accorde pas avec le C.O.D. placé après – **c.** avancées : le p.p. employé comme un adjectif s'accorde avec le nom qu'il qualifie ; dispersés : être, le p.p. s'accorde avec le sujet ; encerclées : avoir, le p.p. s'accorde avec le C.O.D. placé avant.

2 faits – trouvé – cachés – confronté – vaincue – rencontré – accomplis – fait – racontées – marqué – regrettée – écrits – laissée – discutée.

3 1. vue – 2. vu – 3. demandé – 4. entendus – 5. entendu – 6. vus – 7. vu – 8. laissée – 9. décidé, vues.

4 1. « s' » est C.O.D., le p.p. s'accorde avec le sujet – 2. le C.O.D. est : « dire qu'il y aurait peu de monde », pas d'accord – 3. « nous » est C.O.D., le p.p. s'accorde avec le sujet – 4. verbe essentiellement pronominal, accord avec le sujet – 5. « se » est C.O.D., le p.p. s'accorde avec le sujet – 6. « s' » est C.O.D., le p.p. s'accorde avec le sujet – 7. « Le repos » est C.O.D., placé avant, le p.p. s'accorde au masculin singulier.

5 1. se sont rendus compte ; s'étaient trompés – **2.** se seront arrangés – **3.** se sont arrangé – **4.** s'est cousus – **5.** se sont fait ; se sont rendus.

6 sonné – descendus – puni – interrogé – sonné – eu – arrivé – renvoyé – passé – visé – jeté – passée – venue – lâché – tombée – plu – devenu – mis – venu – vu – marché – glissé – failli – dit – mises.

7 utilisé – révélés – simulée – souhaité – éprouvée – obtenus – présentés – surpris – révélés – bénéficié – endormie – écourtée – levée – influencé – prises – reconnus – mesuré – mis – analysés – varié – dû – interprétés.

8 1. donné ; déchirée – **2.** réveillés – **3.** pressées – **4.** laissé ; laissée – **5.** mises ; aperçu – **6.** failli ; punies – **7.** mangés – **8.** suffi ; pensé – **9.** choisies ; aimé – **10.** fâchés – **11.** avisée – **12.** vu ; demandé ; approchés ; découvert ; dit ; eu – **13.** engagés ; découvert ; découverte.

9 dépêchée ; sonné ; réveillée ; habillée ; trompée ; mis ; eu ; enfilé ; bu ; brûlée ; laissé ; cassée ; arrivée ; essoufflée ; demandé ; passé ; répondu.

10 commencé ; trempée ; cessé ; entraînés ; été ; rassurés ; habitués ; comportée ; été ; passé ; montrés ; tirés ; réussis ; sifflée ; marqués.

11 Ils avaient lu – Aurélien avait vu Bérénice – il l'avait trouvée – des choses que les enfants avaient jugées un peu compliquées – des poèmes que tout le monde avait trouvés très beaux.

6. Adjectifs verbal/participe présent/gérondif, page 14

1 1. adj. verbal – **2.** gérondif – **3.** participe présent – **4.** adj. verbal – **5.** participe présent – **6.** adj. verbal.

2 1. provocante – **2.** provoquant – **3.** différant – **4.** différent – **5.** nageant – **6.** obéissants – **7.** négligeant.

3 1. en s'irritant – **2.** la herscheuse s'étant remise au roulage.

7. Accorder les noms composés, page 15

1 1. des belles-sœurs (adj. + nom) – **2.** des passe-partout (verbe + adverbe) – **3.** des épingles à nourrice (nom + nom complément du nom) – **4.** des sans-abri (préposition + nom désignant un nom unique).

2 1. timbres-poste ; porte-monnaie – **2.** cerfs-volants ; arcs-en-ciel – **3.** sèche-linge ; fers à repasser – **4.** gardes-malades ; goutte-à-goutte – **5.** gardes-forestiers ; pare-feu ; sous-bois – **6.** après-shampoings ; cotons-tiges ; dessous de plat ; épingles à linge ; brosses à dents.

3 1. un cure-dents ou cure-dent – **2.** un rond-point – **3.** un essuie-mains – **4.** un trois-quarts – **5.** une sage-femme – **6.** un porte-bagages.

4 1. « essuie » : verbe, donc invariable ; « glace » : nom, donc variable → un essuie-glace.
2. Elle coule inlassablement entre les gratte-ciel, sur les contre-allées soudain assombries comme des sous-sol.

8. Les homophones grammaticaux, page 16

1 1. Quelle ; qu'elle – **2.** qu'elles – **3.** Quels – **4.** qu'elle ; qu'elle – **5.** qu'elle – **6.** Quelle ; Qu'elle ; Quelle ; Quelle ; Quelle – **7.** qu'elles ; quelle ; qu'elles – **8.** quelle – **9.** quel – **10.** Quelles ; quelle ; qu'elle. **11.** qu'elle ; qu'elle ; qu'elle ; quelle.

2 1. Quoiqu' – **2.** quoi qu' – **3.** Quoi que ; quoiqu' – **4.** quoi qu' – **5.** Quoi qu' – **6.** Quoique – **7.** Quoi que – **8.** Quoique – **9.** quoi que – **10.** quoiqu' – **11.** quoiqu'. – **12.** quoique – **13.** Quoi qu'.

3 1. Plutôt ; plus tôt – **2.** plutôt – **3.** plus tôt – **4.** plutôt – **5.** plutôt – **6.** plutôt – **7.** Plutôt – **8.** Plus tôt ; plus tôt – **9.** plus tôt – **10.** plutôt – **11.** plutôt ; plus tôt – **12.** plutôt ; plutôt.

4 1. leur – **2.** Leurs ; leur – **3.** Leur ; leur – **4.** Leurs ; leur – **5.** Leur ; leur – **6.** leur ; leur – **7.** leur – **8.** leur ; leur.

5 1. mêmes ; même – **2.** Même ; même – **3.** mêmes ; mêmes – **4.** même ; même – **5.** mêmes – **6.** mêmes – **7.** mêmes ; mêmes ; même ; mêmes ; même ; même – **8.** Même.

6 1. s'en ; s'en – **2.** C'en – **3.** s'en – **4.** s'en – **5.** s'en – **6.** s'en – **7.** sans ; sans – **8.** Sens – **9.** sans – **10.** sent ; sans ; sens – **11.** Sans ; sent – **12.** s'en ; sans ; C'en – **13.** s'en – **14.** s'en ; Sans.

7 1. Quoi que tu regardes ; même s'ils sont passionnants – **2.** je leur en veux ; C'en est fini. – **3.** pas de faute – **4.** Je n'imaginais pas qu'elle fût ; dès qu'elle m'a dit qu'elle ne pouvait – **5.** les mêmes besoins qu'elle – **6.** ses amis ne s'en rendent pas compte ; pourrions-nous leur ouvrir les yeux ; Quoi que tu en penses – **7.** J'aimerais qu'elle vienne – **8.** je ne veux plus leur parler – **9.** pas de faute – **10.** Léa leur a préparé.

8 1. pas de faute – **2.** ils ne s'en rendent pas compte – **3.** Mes amies s'en sont rendu compte ; Plutôt mentir – **4.** les mêmes goûts qu'elle – **5.** Quels projets ; Penses-tu qu'elle viendra nous voir ; sa présence plutôt rassurante – **6.** de leur supprimer – **7.** pas de faute – **8.** il s'en est voulu – **9.** je leur parlerai – **10.** Mets plutôt.

9 2. Ils essayèrent honnêtement de faire le travail qu'on leur demandait et qui était bien au-dessus de leurs forces depuis longtemps, puis ils crevèrent.

9. Les homophones verbaux, page 19

1 1. prévenir, ind. passé simple – **2.** prévenir, subj. imparfait – **3.** s'asseoir, subj. présent – **4.** redire, ind. passé simple.

2 1. criai – **2.** achetais – **3.** vois – **4.** saurai – **5.** fixât – **6.** croies – **7.** réussi – **8.** traie.

3 1. résonnaient – **2.** croît – **3.** teint – **4.** sue.

4 1. savais ; finirait ; écouter – **2.** trouverez ; usés ; jetés – **3.** fatigué ; continuer ; discuter ; allé ; coucher – **4.** affiché ; attendrai – **5.** s'allumaient ; observais – **6.** avais ; passé ; couché(e) ; serait ; usé.

5 1. trouvât : subj. imparfait ; avaient-ils rendue : ind. plus-que-parfait ; écouta : ind. passé simple – **2.** adjectif qualificatif. À la suite de son accident, il subit plusieurs interventions chirurgicales.

10. L'indicatif présent : les verbes difficiles, page 20

1 1. voit : 3e groupe – regarde : 1er – rougit : 2e – se croit : 3e – met : 3e – fait : 3e – **2.** entends : 3e – grossit : 2e – s'approche : 1er – rit : 3e – crie : 1er – éclate : 1er.

2 1. je récupère, tu récupères, il récupère, nous récupérons, vous récupérez, ils récupèrent.
2. je vogue, tu vogues, il vogue, nous voguons, vous voguez, ils voguent.
3. je tournoie, tu tournoies, il tournoie, nous tournoyons, vous tournoyez, ils tournoient.
4. je pèle, tu pèles, il pèle, nous pelons, vous pelez, ils pèlent.
5. j'amoncelle, tu amoncelles, il amoncelle, nous amoncelons, vous amoncelez, ils amoncellent.
6. je vaux, tu vaux, il vaut, nous valons, vous valez, ils valent.
7. je mouds, tu mouds, il moud, nous moulons, vous moulez, ils moulent.

Corrigés détachables

8. je pince, tu pinces, il pince, nous pinçons, vous pincez, ils pincent.
9. je partage, tu partages, il partage, nous partageons, vous partagez, ils partagent.
10. j'essuie, tu essuies, il essuie, nous essuyons, vous essuyez, ils essuient.

③ 1. projettent ; rejetons – **2.** rappelez ; appelle – **3.** procède ; procédez – **4.** persévères – **5.** n'aime ; furète – **6.** aères – **7.** vas ; espère – **8.** sais ; ensorcelle ; rencontre.

④ 1. pénétrez ; imprègne – **2.** interprétez ; interprète – **3.** accélérons ; précède – **4.** rappelons – **5.** asséchons – **6.** mets ; gèle – **7.** étincellent ; ruisselle – **8.** feuillette ; chancelle.

⑤ 1. il court – **2.** je faillis – **3.** tu meus – **4.** elles savent.

⑥ 1. 1ʳᵉ et 2ᵉ personnes – **2.** 1ʳᵉ et 3ᵉ personnes – **3.** 2ᵉ personne – **4.** 3ᵉ personne.

⑦ 2. Or **je manque** ce rendez-vous, et **j'en manque** aussi deux autres dans la suite. La première fois le taxi auquel **je me suis confié dérape** et **me jette** dans un tas d'épines d'où **je sors** indemne mais en loques ainsi que le chauffeur. La deuxième fois **je fais** le trajet à vélo et **suis arrêté** par la police en arrivant à Pontbaut.

11. L'indicatif passé simple : les conjugaisons, page 22

① 1. nous appelâmes ; ils appelèrent – **2.** nous fîmes ; ils firent – **3.** nous partîmes ; ils partirent – **4.** nous retînmes ; ils retinrent – **5.** nous crûmes ; ils crurent – **6.** nous dîmes ; ils dirent – **7.** nous prîmes ; ils prirent – **8.** nous commençâmes ; ils commencèrent.

② jaillit – reconnus – sautai – enveloppai – précipitai – ouvris – sembla.

③ Elle devint brusquement « Quatre-œils ». Comme **elle était** un peu **voûtée** on trouva qu'**elle était** bien mal **fichue**. À force de l'appeler « Quatre-œils » et « Malfichue », on **la** surnomma « **Malbichue** ». À partir de ce jour **elle avança** dans la vie avec ce sobriquet de **Malbichue. Elle s'y attacha** comme à **ses** yeux.

LA PHRASE

12. Ne pas confondre nature et fonction, page 23

① adjectif exclamatif : Quel – conjonction de coordination : ou – pronom indéfini : Personne – adverbe de quantité : trop de – adjectif indéfini : quelques – conjonction de subordination : qu' – adjectif qualificatif : ennuyeux.

② complément circ. de cause : en raison des embouteillages – complément d'agent : par l'orage – complément du nom : de Mathilde – complément d'objet indirect : à mes cousines – apposition : Énervé – complément d'objet second : leur.

③ 1. C.C. cause – **2.** C.C. lieu – **3.** C.C. but – **4.** C.C. but – **5.** attribut du C.O.D. – **6.** attribut du sujet.

④ 1. C.C. manière – **2.** C.C. lieu – **3.** C. d'agent – **4.** C.C. manière – **5.** C. du nom – **6.** C. d'agent – **7.** C.C. lieu – **8.** C.C. temps – **9.** C.O.I.

⑤

Nature	Fonction
Adverbe	C.C. temps
Groupe nominal	
Groupe prépositionnel	
Pronom personnel	C.O.D.
G.N.	
Verbe à l'infinitif	
Pronom interrogatif	Sujet
	C.O.D.
	C.O.I.
Pronom personnel	Sujet
	C.C. d'accompagnement
	C.O.D.
	Apposition
	C.O.S.

⑥ 1. noms ou G.N. C.O.D. : sa route (reprendre) ; la campagne ensommeillée (parcourut) ; un petit choc net (entendit) ; la pente (descendait) ; sa présence (éventé) ; une poignée de cresson (arracha) ; la langue (râpait) **2.** C.C. lieu : Sous l'ample ruissellement de la clarté lunaire ; par toute l'étendue ; sur le sol ; Dans les prés gorgés d'eau ; au bord d'une fontaine qui luisait à travers des touffes d'herbes ; dans sa bouche.

⑦ 1. gagner : verbe à l'infinitif – **2.** un excellent film : groupe nominal – **3.** Cassandre : nom propre – **4.** les mouettes plonger dans l'eau : proposition subordonnée infinitive – **5.** qui viendra samedi : proposition subordonnée interrogative indirecte – **6.** que tu me racontes des histoires : proposition subordonnée conjonctive – **7.** vous : pronom personnel.

⑧ saugrenue : épithète de « idée » – Éprises : apposé au sujet « nous » – soudaine : épithète de « liberté » – approximative : épithète de « tente » – gros : épithète de « chêne » – grand : épithète de « vent » – sourd et continu : épithètes de « grondement » – inaudibles : attribut du C.O.D. « nos paroles ».

13. Le sujet et l'attribut du sujet, page 25

① 1. tous : pronom indéfini – **2.** Tu : pronom personnel – **3.** Nager : verbe à l'infinitif – **4.** vous : pronom personnel – **5.** Que tu sois encore en retard : proposition subordonnée complétive – **6.** Qui cherche : proposition subordonnée relative – **7.** personne : pronom indéfini.

② Sébastien et Marie sont restés amis […] – Barthélemy n'était pas satisfait […] – Léa sera la victime idéale... – Vos cousines se sont montrées […].

③ 1. nerveuse – **3.** un long fleuve tranquille – **5.** acariâtre – **8.** les bienvenus – **9.** fâché – **10.** que tu participes.

④ 1. arrivés – **2.** m'as – **3.** était – **4.** avait – **5.** ai vu – **6.** prétends.

⑤ 2. Les deux chiens **comprirent** que tout était fini, qu'**ils n'avaient** plus rien à attendre ni à espérer et, ne voulant malgré tout point déserter ce village qu'**ils connaissaient**, ces forêts qu'**ils aimaient**, ne pouvant se plier à d'autres habitudes, se faire à d'autres usages, **ils s'en allèrent**, **sombres**, **tristes**, **honteux**, la queue basse et l'œil sanglant, jusqu'à la corne du petit bois de la Côte où **ils s'arrêtèrent**.

14. Phrases simples et phrases complexes, page 26

① 1. 2 prop. juxtaposées – **2.** 2 prop. coordonnées – **3.** 2 prop. : une principale et une subordonnée – **4.** 2 prop. : une principale et une subordonnée – **5.** 2 prop. : une principale et une subordonnée – **6.** 3 prop. : une principale et une subordonnée, puis une coordonnée – **7.** 3 prop. juxtaposées.

V   *Corrigés détachables*

2 1. Je travaille trop si bien que je suis fatigué. – **2.** J'ignore à quelle heure tu viendras. – **3.** J'ai acheté le livre de Michel Déon, dont tu m'avais beaucoup parlé. – **4.** Vous ne pourrez pas naviguer aujourd'hui parce qu'il y a énormément de vent. – **5.** Nous vous promettons que nous ne cacherons plus jamais de souris dans votre lit. – **6.** Je cherche une voiture d'occasion qui ait un moteur neuf, une carrosserie impeccable et un intérieur en excellent état.

3 a. <u>Le raisin</u> étant mûr : Quand le raisin est mûr, il faut faire les vendanges. – **b.** <u>Patrick</u> étant en retard : Comme Patrick était en retard, il n'a pas pu nous rejoindre. – **c.** <u>Le train</u> partant tout juste : Alors que le train partait tout juste, Amélie arriva essoufflée dans le hall de gare, son billet à la main. – **d.** Il n'y en a pas.

4 1. <u>ce qui m'a fait défaut</u> : C.O.I. – **2.** <u>où tu veux</u> : C.C. de lieu – **3.** <u>ce que tu peux faire</u> : C.O.I. – **4.** <u>qui nous voulons</u> : C.C. d'accompagnement – **5.** <u>Quiconque souhaite venir</u> : sujet – **6.** <u>ce qui l'intéresse</u> : C.O.I. – **7.** <u>à qui veut l'entendre</u> : C.O.S. – **8.** <u>qui voudra</u> : C.O.D. – **9.** <u>qui on est</u> : attribut du sujet – **10.** <u>qui elle voudrait</u> : C.O.D. – **11.** <u>de qui tu sais</u> : complément du nom.

5 1. <u>que tu m'as offert</u> : prop. sub. relative, épithète – **2.** <u>Les parents étant absents</u> : prop. sub. participiale, C.C. cause – **3.** <u>Le jour se levant</u> : prop. sub. temps – **4.** <u>Étant donné que Caroline n'a rien fait ce trimestre</u> : prop. sub. conjonctive, C.C. cause – **5.** <u>afin que vous confirmiez notre rendez-vous</u> : prop. sub. conjonctive, C.C. de but – **6.** <u>Stéphane raconter des bêtises</u> : prop. sub. infinitive, complétive – **7.** <u>que tu peux recommencer cet exercice</u> : prop. sub. conjonctive, complétive.

6 1. Sors, je t'en prie ! – **2.** Nous ne savions pas quoi acheter, nous avons pris des éclairs au chocolat. – **3.** Fais tes devoirs, tu regarderas la télévision ensuite ! – **4.** A-t-elle été invitée à l'anniversaire de Capucine ? Je l'ignore. – **5.** Je dois me dépêcher, je suis garée en double file ! – **6.** Je n'avais plus de lait, je n'ai pas pu vous faire de crêpes !

7 1. Ils n'appellent plus/mais hurlent/des fenêtres commencent à s'allumer aux maisons voisines/des gens se fâchent. – **2.** Ils n'appellent plus mais hurlent **si bien que** des fenêtres commencent à s'allumer aux maisons voisines **et que** des gens se fâchent.

15. Les expansions du nom, page 28

1 a. qui l'ombrageait : épithète de « un vieux noyer » ; qui : sujet de « ombrageait » – **b.** qu'elle avait à se relever la nuit : épithète de « mal » ; qu' : C.O.D. de « avait » – **c.** où l'on retrouve les éléments du bonnet à poil, du chapska, du chapeau rond : épithète de « une de ces coiffures » ; où : C.C. lieu de « retrouve » – **d.** dont il apprit d'avance toutes les questions par cœur : épithète de « les matières de son examen » ; dont : C. du nom « questions ». – **e.** qui lui tapait dans la main : épithète de « le père Rouault » ; qui : sujet de « tapait ».

2 1. d'arriver : groupe prépositionnel – **2.** d'aujourd'hui : groupe prépositionnel – **3.** de Marseille : nom apposé ; du siècle : groupe prépositionnel – **4.** a écrire : groupe prépositionnel – **5.** de Saint-Domingue : groupe apposé ; véritable paradis : G.N. apposé – **6.** de son espèce : groupe prépositionnel – **7.** aux artichauts : groupe prépositionnel ; de Nicolas : groupe prépositionnel – **8.** en skaï : groupe prépositionnel. – **9.** capitale de la mode : G.N. apposé – **10.** aux fraises : groupe prépositionnel – **11.** Saint Jean : nom apposé – **12.** de Santorin : nom apposé.

3 2. Les expansions du groupe nominal sont des prop. sub. relatives : « qui sonne au bout de chaque ligne » ; « qui est aussi rapide qu'un jazz » ; « qui empêche de rêver à bâbord comme à tribord » ; « qui me fait suivre jusqu'au bout une idée » – « écrire » peut signifier tracer des signes, des lettres ; il peut aussi signifier rédiger un texte pour formuler une idée.
Ces expansions révèlent le rapport dominateur de la machine sur l'auteur.

16. L'expression du temps et du lieu, page 29

1 1. a. L'an prochain : G.N., date – **b.** Alors qu'ils entraient dans le grenier : prop. sub. conjonctive, date – **c.** en rentrant de Paris : gérondif, fréquence – **d.** Dès que nous serons revenus de vacances : prop. sub. conjonctive, date.
2. action simultanée : phrase 2 ; action antérieure : phrase 4.

2 4 août – la nuit – dans les armoires – 6 août – cette fois – à deux heures – en plein soleil – dans mon parterre de rosiers – tout près de moi.

3 2. Les compléments circonstanciels de lieu : « sur le bateau », « dans l'eau », « Dans le ciel ».
Les passagers semblent ballottés entre ciel et mer.

17. L'expression de la cause et de la conséquence, page 30

1 1. je suis encore un peu fatiguée : prop. indépendante juxtaposée – **2.** À force de s'acheter autant de sacs à main : groupe prépositionnel – **3.** En tombant : gérondif – **4.** vu qu'elle n'a pas terminé son devoir d'histoire : prop. sub. conjonctive – **5.** car tu ne racontes que des sottises : prop. indépendante coordonnée – **6.** Les voisins s'étant absentés : prop. sub. participiale.

2 1. cause, groupe prépositionnel – **2.** cause, participe passé apposé – **3.** conséquence, prop. sub. conjonctive.

3 1. « car son château avait une porte et des fenêtres ». La logique est surprenante : la cause avancée est absurde. Le ton du narrateur est ironique.
2. Monsieur le baron était un des plus puissants seigneurs de la Vesphalie parce que son château avait une porte et des fenêtres.
Le château de Monsieur le baron avait une porte et des fenêtres si bien qu'il était un des plus puissants seigneurs de la Vesphalie.

18. L'expression de l'opposition et de la concession, page 31

1 1. Au lieu de disparaître discrètement par l'escalier de service : groupe prépositionnel. – **2.** Alors que l'orage grondait au loin : prop. sub. conjonctive. – **3.** tout en conduisant : verbe au gérondif – **4.** Quand bien même cette voiture nous plairait : prop. sub. conjonctive.

2 1. es – **2.** se levât – **3.** arriveriez – **4.** disent – **5.** cherchions – **6.** puisse.

3 1. Il fait toujours froid alors que c'est le printemps. – **2.** Quand bien même certaines grandes surfaces seraient ouvertes le 1er Mai, je refuse de faire les courses le jour de la fête du Travail.

4 1. C'est un rapport d'opposition. – **2.** Il avait bien essayé de se remettre à plaisanter, à fanfaronner, bien que le cœur n'y était plus.

19. L'expression de la condition, page 32

1 1. La pluie cessant : prop. sub. participiale – **2.** Si Léa ne vient pas : prop. sub. conjonctive – **3.** En gagnant cette étape : gérondif – **4.** Habillé de la sorte : adjectif épithète détachée – **5.** Quiconque eût entendu cela : prop. sub. relative – **6.** Sans palmes : groupe prépositionnel.

2 En connaissant son code, Julie aurait plus de chance d'avoir son permis. – La voiture révisée, nous ne risquerons pas d'avoir une panne. – Si tu vas au garage, peux-tu vérifier la pression des pneus ? – À moins d'une panne, nous arriverons à Paris à temps. – Prudent, il n'aurait pas eu d'accident.

Corrigés détachables

3 1. réalisable, indicatif présent – 2. possible, indicatif imparfait – 3. réalisable, indicatif présent – 4. non réalisée dans le passé, indicatif plus-que-parfait – 5. non réalisée dans le présent, indicatif imparfait.

4 1. faisais – 2. avait aperçu – 3. n'avait pas rencontré – 4. vous chargiez – 5. reste.

5 1. Si je n'avais pas eu de si grands pieds, j'aurais trouvé des espadrilles à fleurs à ma taille. – 2. Si Cassandre ne s'était pas assise sur le hamster, il aurait été encore vivant. – 3. Si tu avais été gentille, on t'aurait invitée samedi soir. – 4. Si nous avions fait suffisamment d'économies, nous serions allés passer Noël à New York. – 5. S'il avait fait moins chaud, vous auriez passé de meilleures vacances.

6 1. Si tu ne les avais pas aidés, ils ne s'en seraient jamais sortis ! – 2. Si vous lui prêtez cet argent, il ne vous le rendra jamais ! – 3. Si les voitures fonctionnaient à l'éthanol, le pétrole aurait moins de prix.

7 1. Si nous invitons en secret ses amies, elle sera heureuse. – 2. Si nous étions arrivés à l'heure, nous aurions vu le début du film. – 3. S'il n'a pas mis d'essence, son scooter n'ira pas loin. – 4. Si on utilise un flash, ces photos seront réussies. – 5. S'ils avaient travaillé sérieusement, ils auraient pu réussir.

8 1. Si seulement j'avais un million de dollars : nature : prop. sub. conjonctive, fonction : C.C. de condition ; groupe prépositionnel : avec un million de dollars. – 2. Les verbes sont conjugués au conditionnel présent ; ils dépendent de la condition exprimée dans la prop. sub. conjonctive. On est dans le système hypothétique de l'irréel du présent.

20. Les connecteurs logiques, page 34

1 1. ou ; mais ; car – 2. D'abord ; ensuite ; par conséquent – 3. en effet ; ou ; mais – 4. et ; c'est pourquoi.

2 1. en effet, car : explication – 2. pourtant, cependant : opposition, contradiction – en effet : explication – 3. en effet, car : explication, cause

3 c'est pourquoi – parce que – même si – en effet – bien que.

4 1. mais – 2. si bien que – 3. parce que – 4. car ; en effet – 5. de plus ; donc – 6. étant donné que – 7. comme.

5 1. eut – 2. fait – 3. habitions – 4. remplissez ; avez participé – 5. avait ; demanderons ; puisse.

6 1. de manière que : conjonction de subordination (conséquence) – tandis que : conjonction de subordination (opposition) – ainsi : adverbe (conséquence) – 2. a. si bien que, de sorte que, au point que b. nature : proposition subordonnée conjonctive ; fonction : C.C. conséquence. c. Comme, cette année, la sécheresse fut très grande, les terres qui étaient dans des lieux élevés manquèrent absolument...

21. Les propositions subordonnées complétives, page 36

1 1. que tu te moques de moi – 2. Il n'y en a pas. – 3. que tu m'offrais une voiture décapotable – 4. Il n'y en a pas. – 5. qu'il ne remporte pas la médaille d'or ; qu'il fasse du mieux qu'il pourra – 6. Il n'y en a pas. – 7. que l'on rit si librement au théâtre ; que l'on a honte d'y pleurer.

2 1. ayez pu – 2. rendions ; soit – 3. aie été puni – 4. dise ; montre – 5. réagisse ; fasse – 6. tournait.

3 1. prop. sub. circ. de condition – 2. prop. sub. interrogative indirecte – 3. prop. sub. interrogative indirecte – 4. prop. sub. circ. de condition.

4 1. Je me suis demandé s'il se moquait de moi. – 2. Ophélie ignorerait encore tout à l'heure si Paul viendrait. – 3. Les journalistes ne peuvent affirmer si les belligérants vont signer un « cessez-le-feu ». – 4. On n'a jamais pu savoir pourquoi le terroriste ne s'était pas enfui après avoir posé la bombe. – 5. Les enquêteurs n'ont jamais pu confirmer si le principal témoin avait dit la vérité.

5 1. qu'il allait rentrer, qu'il avait renversé une femme, que ce n'était rien : C.O.D. de « expliqua » ; qu'elle n'était pas morte : C.O.D. de « sut ». 2. que tu veux passer ta vie à la campagne : C.O.D. de « crois » ; que tu es dans une maison charmante, que tu y trouves une société qui te convient : sujets réels de « est vrai ».

6 1. Je te vois manger tous mes chocolats ! – 2. Les élèves, en entendant le professeur arriver, se taisent et font semblant de travailler. – 3. J'aime écouter cet orchestre interpréter de vieux airs de jazz. – 4. Regardez ce capucin voler des cacahuètes dans la poche du gardien !

7 1. Il espère qu'il réussira à se connecter à Internet. (proposition subordonnée conjonctive ; C.O.D. de « espère »). – 2. Au printemps, j'aime bien entendre les oiseaux chanter à mon balcon. (proposition subordonnée infinitive ; C.O.D. de « entendre »). – 3. Je me demande tout de même si cet ordinateur soldé est fiable (proposition subordonnée interrogative indirecte ; C.O.D. de « ne demande »). – 4. L'idée qu'ils veuillent aller vivre en Alaska me surprend. (proposition subordonnée conjonctive ; complément du nom « idée »). – 5. Je regrette que le cadeau que tu souhaitais soit trop cher (proposition subordonnée conjonctive ; COD de « regrette »)

8 1. proposition subordonnée conjonctive complétive, complément d'objet du verbe « avait été avisée » – 2. Il s'agit ici de discours indirect, introduit par un verbe au passé ; il faut donc respecter la concordance des temps.

LE DISCOURS

22. Voix active et voix passive, page 38

1 1. passive – 2. passive – 3. active – 4. passive – 5. active – 6. passive.

2 1. ont chargé – 2. fut détruit – 3. avaient été commandés – 4. arriverons – 5. ont été conquises.

3 1. indicatif présent, voix passive – 2. indicatif passé composé, voix passive – 3. subjonctif présent, voix passive – 4. indicatif passé simple, voix passive – 5. indicatif futur, voix active – 6. indicatif imparfait, voix passive – 7. indicatif futur, voix passive – 8. subjonctif imparfait, voix passive – 9. indicatif passé simple, voix active – 10. indicatif plus-que-parfait, voix passive.

4 1. Les journalistes ont divulgué la nouvelle de son enlèvement. – 2. Sa lenteur m'agaçait. – 3. On avait collé des affiches un peu partout en ville pour les élections. – 4. Chaque semaine, on emplit la boîte aux lettres de prospectus./Les prospectus emplissent la boîte aux lettres. – 5. À l'occasion du festival de la B.D., la ville invitera de nombreux dessinateurs. – 6. Ces parents auraient dû féliciter leur enfant. – 7. Simon aura perdu la clé du cadenas.

5 1. La majorité d'entre vous avait été déçue par le décor. – 2. Le déroulement de la pièce était suivi attentivement par la salle tout entière. – 3. Avant la saison touristique, les plages sont nettoyées consciencieusement par les agents municipaux. – 4. *La Joconde* aurait été volée ! – 5. Je serais contente que l'examen soit réussi par mes élèves cette année. – 6. Par qui a-t-il été cassé ? – 7. Il ne faut pas que ses déboires avec la justice soient mentionnés dans les journaux.

6 1. a. On introduisit Fabrice – b. le pronom « on » car il n'y avait pas de complément d'agent exprimé – 2. a. le toit en galerie du joli palais du gouverneur qui n'avait que deux étages cachait, vers le nord-ouest, un seul petit coin de l'horizon ; les bureaux de l'état-major occupaient le rez-de-chaussée – **b.** La voix passive met en relief les éléments du décor que Fabrice aperçoit par la fenêtre : « le toit en galerie du joli palais du gouverneur » et « les bureaux de l'état-major ».

❼ **1.** On embrassa les joueurs de Maupiti, on les porta en triomphe. – **2.** La voix passive insiste sur le fait que les joueurs ne contrôlent plus rien, subissent la joie de leurs supporters.

23. Mettre en relief, page 40

❶ **1.** la voix passive : Cette nouvelle – **2.** le redoublement par un pronom : cette nouvelle – **3.** un présentatif : moi – **4.** la forme impersonnelle : des embouteillages – **5.** le détachement d'un constituant : En hiver – **6.** le détachement d'un constituant : comme d'habitude – **7.** la forme impersonnelle : une rumeur étrange.

❷ **1.** Hier, il est arrivé à l'heure. – **2.** Le tribunal a été détruit par un incendie criminel. – **3.** C'est au bureau des objets trouvés que j'ai récupéré mon sac à main.

❸ **1.** Le regard est arrêté par la main du père. – **2.** On repère une tournure présentative : ce qui... c'est (forme emphatique). – **3.** Elle est émue par la tendresse avec laquelle son père la protège.

24. Distinguer les valeurs du présent, page 41

❶ **1.** présent de vérité générale – **2.** présent à valeur de passé proche – **3.** présent itératif – **4.** présent de vérité générale – **5.** présent d'énonciation – **6.** présent à valeur d'ordre – **7.** présent à valeur de futur proche – **8.** présent itératif – **9.** présent de récit.

❷ **1.** présent d'énonciation : le narrateur coupe son récit au passé pour introduire des commentaires – **2.** présent de narration : le narrateur utilise le présent pour mettre en valeur le comique de la situation.

❸ **2.** passais : imparfait, action de 2e plan
– crus, dis : passé simple, action de 1er plan
– Veux : présent d'énonciation.

25. Comment employer les temps du passé, page 42

❶ **1.** se prolonge dans le présent – **2.** antérieure – **3.** antérieure – **4.** se prolonge dans le présent – **5.** achevée – **6.** se prolonge dans le présent.

❷ était : description – coûtait : description – faisait : répétition – était : description – prenait : répétition – demandait : répétition

❸ **1.** actions de 1er plan : découvris ; éprouvai ; éteignis ; tins ; décidai ; tournai – **2.** actions de 2e plan : menait ; devait pas dépasser ; étaient disposés ; postulait ; était ; était ; s'amplifiait ; se déchaînait.

❹ **1.** description – **2.** durée indéterminée – **3.** description – **4.** durée indéterminée – **5.** description – **6.** répétition.

❺ répondit – équarrissaient – allaient – séparait – entendirent – dirigea – chercha – aperçut – lisait.

❻ **1.** « Il suivait [...] triste pensée. » Théramène suggère la mélancolie, le désespoir ; le départ est montré dans son déroulement. – **2.** Théramène rapporte oralement les faits ; le style « parlé » rend le récit plus touchant.

❼ trouvèrent, couvrirent, déplièrent, comblèrent : passé simple ; ce sont des actions ponctuelles et successives qui font progresser le récit. – avait repris : plus-que-parfait ; c'est une action achevée. – était, rappelait : imparfait à valeur de description.

❽ **2.** Les verbes sont conjugués au plus-que-parfait. Ce temps sert à exprimer une action antérieure. Il indique un retour en arrière.

26. Repérer la situation d'énonciation et la modifier, page 44

❶ **1.** oui, ancré – **2.** oui, ancré – **3.** oui, ancré – **4.** non, coupé – **5.** oui, ancré – **6.** oui, ancré – **7.** non, coupé.

❷ **1.** oui : je, mon, te, toi, tu, cette – **2.** non – **3.** non – **4.** oui : ma, m', Je me, Vous, hier soir.

❸ **1. a.** il y a quelque temps – **b.** bientôt – **c.** dans longtemps – **2. a.** il y a longtemps – **b.** il y a quelque temps déjà – **c.** il y a quelque temps – **d.** cette année.

❹ **1.** un journaliste à un navigateur – **2.** un professeur à ses élèves – **3.** un employé à son patron ou un subordonné à son supérieur – **4.** un médecin à un patient – **5.** un parent à son enfant – **6.** un restaurateur ou un employé de restaurant à des clients.

❺ **1.** Nous devons vous avouer que nous sommes ruinés. – **2.** Rejoignez-moi. – **3.** Ne pars pas ! – **4.** Je suis venue, j'ai vu, j'ai vaincu. – **5.** Je suis heureuse de vivre ici. – **6.** Nous devons partir maintenant. – **7.** Il y a deux ans, j'ai passé mes vacances en Grèce. – **8.** Je crois vous avoir déjà vue quelque part... – **9.** Vous savez, je ne suis pas dupe : j'ai tout de suite remarqué votre manège (rien ne change). – **10.** Je me suis coupé les cheveux moi-même ! (rien ne change).

❻ **1.** Le 1er juillet 2004, Île de la Réunion
Cher Antoine,
Hier, j'ai pris l'avion pour venir passer mes vacances ici, sur l'île de la Réunion. Le soleil, les plages, la mer bleu lagon, j'y pense depuis des mois. Pourtant, hier matin, j'ai craint de ne pas voir mon rêve se réaliser : je ne trouvais plus mon billet ! Mais je l'ai retrouvé au fond de ma valise ! Aujourd'hui, je suis allongé dans un hamac au bord de l'eau... heureux !
À bientôt, peut-être...
Paul

❼ **2.** Tout à coup un insidieux frisson nous traversa, semblable à celui ressenti dehors et qui nous avait chassés jusqu'ici. « On » se trouvait à nouveau là, tout proche ! Les murs avaient beau nous protéger de trois côtés, éclairés par le foyer craquant, nous étions visibles et vulnérables. On pouvait nous atteindre de face, en tirant de loin, à plomb. Nous nous dressâmes, les muscles prêts à une nouvelle fuite.

27. Les types de phrase, page 46

❶ **1.** type déclaratif ; donner un ordre. – **2.** type exclamatif ; exprimer un sentiment. – **3.** type interrogatif ; interdire.

❷ **a. 1.** Comme ce gâteau au chocolat est excellent pour le moral ! – **2.** Ce gâteau au chocolat est-il excellent pour le moral ? (inter. totale) – **b. 1.** Quelle réaction surprenante ! – **2.** Cette réaction t'a-t-elle surprise ? (inter. totale) – **c. 1.** Quelle sale bête, le chien de mes voisins ! – **2.** Comment est le chien de mes voisins ? (inter. partielle).

❸ **1.** phrases de type interrogatif et de forme négative – **2.** L'auteur, par l'emploi du type interrogatif, interpelle le lecteur et par l'emploi de la forme négative, il l'oblige à adhérer à son opinion critique vis-à-vis de la science.

❹ **2.** Ce sont des phrases de type impératif, mais le message est exclamatif : elles expriment la peur ressentie par le narrateur.

28. Rapporter des paroles dans un récit, page 47

❶ Quand ils retrouvèrent la force de parler :
⟨ Léon, dit la jeune femme (j'ai oublié de dire qu'elle était jeune et jolie), Léon, quel bonheur ⟩ Jamais je n'aurais reconnue sous ces lunettes bleues.
⟨ Quel bonheur ⟩ dit Léon. Jamais je ne vous aurais reconnu sous ce voile noir.

Corrigés détachables VIII

— Quel bonheur ① reprit-elle. Prenons vite nos places ; si le chemin de fer allait partir sans nous①.. (Et elle lui serra le bras fortement.) On ne se doute de rien. »

❷ 1. déclara, claironna, annonça – 2. demanda – 3. répondit – 4. crier – 5. annonça – 6. marmonnant – 7. susurra, murmura – 8. accusa (le témoin).

❸ 1. répondit, ils étaient, ils attendraient – 2. marmonna, c'était – 3. fit, avaient eu, avaient pu – 4. entra, hurla, vengerait, auraient regretté – 5. ajouta, s'en allaient, avait considérés – 6. rétorqua, concernait, avait eu.

❹ 1. Mon frère m'assura : « Jacques n'est pas passé pendant ton absence. » – 2. L'apprenti-couvreur demande à son patron : « Serai-je assuré pour monter sur les toits des maisons ? » – 3. Le moniteur de conduite confirme à ses élèves : « Vous pourrez passer votre permis de conduire dès la prochaine session. » – 4. Chaque année, le pépiniériste conseille à la même cliente : « N'oubliez pas d'arroser vos plantations si vous voulez avoir les plus belles fleurs du village. » – 5. En me montrant le bureau, mon collègue m'affirma : « J'ai vu, hier, le dossier de presse ici. » – 6. Le facteur me répondit : « Je n'ai pas de courrier pour vous aujourd'hui. »

❺ 1. a ; c – 2. b – 3. b ; c.

❻ 1. Il lui répète de ne pas manger toutes les truffes au chocolat, d'en garder pour sa sœur. – 2. Le démarcheur lui demanda si elle ne désirait vraiment pas acheter un des aspirateurs et il lui proposa de réfléchir jusqu'au lendemain. – 3. Le message que Roland nous a laissé sur le répondeur nous disait de ne pas nous inquiéter, qu'il ne pouvait pas passer nous voir le jour même mais qu'il nous rappellerait le lendemain soir. – 4. Quand il est passé, l'électricien m'a demandé si les précédents locataires avaient fait eux-mêmes les installations de prises. Je lui ai répondu que je n'en savais rien. – 5. Elle affirmait à son mari qu'elle était sûre d'avoir rangé ses chaussures dans ce placard-là, à côté des siennes.

❼ 2. Discours indirect : « On eut beau lui expliquer… chez elle. » On eut beau lui expliquer : « La maladie vous coûtera très cher, si vous prenez votre mari chez vous. »

❽ 1. le discours indirect (« elle disait aussitôt que oui ») et le discours direct (entre guillemets) – 2. Elle me disait qu'elle resterait près de mon lit jusqu'à ce que je m'endorme et que si je voulais elle me raconterait l'histoire des fiançailles de Diamantine.

29. Les différentes formes de discours, page 50

❶ Description au présent, verbes d'état, expansions du nom, C.C. lieu, mise en relief de l'élément décrit (« il y a le mille-pattes »).

❷ Explicatif : le locuteur ne s'implique pas, déterminants à valeur généralisante, connecteurs logiques, l'origine étymologique du mot « Cyclades » est expliquée, C.C. de moyen, de lieu, de temps.

❸ 1. Discours descriptif : verbes à l'imparfait, C.C. de lieu, expansions du nom, comparaison, verbes de mouvement. – 2. Discours argumentatif : le destinataire est pris à parti, utilisation d'exemples, vocabulaire modalisateur, types de phrases (exclamatives, interrogatives). – 3. Discours narratif : verbes au passé simple, verbes d'action, C.C. de temps et de lieu.

❹ 1. Passages narratifs : Je me tus. Zorba s'arrêta un instant, soupira mais ne dit rien. Nous passions devant le jardin de la veuve.
Passages descriptifs : Il avait dû pleuvoir quelque part. Une odeur de terre, pleine de fraîcheur, parfumait l'air.
2. Passages narratifs : 1re et dernière phrases.
Passage descriptif : le paragraphe central.

❺ 1. explicatif – 2. descriptif.

❻ Discours descriptif : aider le lecteur à se représenter un lieu ; les verbes au présent de description ; un complément circonstanciel de lieu : tout autour d'elle. – Discours narratif : un complément circonstanciel de temps : À 6 heures ; le présent de narration et le passé composé ; des verbes d'actions : ont allumé, vaquent.

❼ 1. honteux, pauvre, voûté, caduc, décrépit – 2. baraque – 3. a. L'homme est exclu de la fête foraine. b. le participe passé exilé – 4. Baudelaire veut susciter la pitié.

30. Les reprises nominales et pronominales, page 52

❶ 1. elles : fraises, poires – 2. certains : les enfants ; y : au bois de Belange – 3. le chef d'État : le président de la République – 4. le : où tu es allé.

❷ 1. les employés : mot générique – 2. la plupart : pronom indéfini – 3. les meilleurs amis des hommes : périphrase – 4. la tienne : pronom possessif – 5. le : pronom personnel.

❸ 1. ma famille – 2. certains – 3. les couleurs de la France – 4. en.

❹ 1. les : un ou deux lézards ; ces insectes : des mouches ; leurs : les moyens des lézards. – 2. a. et b. les, ils, leur (pronoms personnels), charmant petit visiteur (périphrase). c. reptile.

31. L'expression de la subjectivité, page 53

❶ traditionnellement, frais, tendre, expertes, délicatement, conquit, le cœur et le palais, bonnes, admirables.

❷ 1. fainéant – 2. rougeaud – 3. jaunâtre – 4. désuet – 5. criardes – 6. se chamailler – 7. pinailler.

❸ 1. éclatantes – 2. le palais, la demeure – 3. ses souliers – 4. ton carrosse, bolide – 5. du nectar – 6. une personne originale, un être exceptionnel – 7. des fumets, des odeurs alléchantes.

❹ 1. Les prix seraient – 2. Ce massacre est annoncé comme probable. – 3. Fait-il vraiment beau toute l'année dans ce pays ? – 4. Il est difficile – 5. Nous irons peut-être.

❺ 1. apparemment – 2. s'avérer – 3. infirmer.

❻ 1. peut-être – 2. fébrilement – 3. probablement – 4. sûrement – 5. forcément.

❼ 1. oui (visiblement) – 2. non (Il est question) – 3. non (elle doit être) – 4. non (Sans doute) – 5. oui (Sans aucun doute) – 6. oui (Il apparaît clairement) – 7. non (Il se peut).

❽ 1. non (prétendent) – 2. non (dit-on) – 3. non (Il paraît) – 4. non (serait, réduirait) – 5. non (À supposer que, il faut encore que) – 6. non (pourquoi serait-elle […]?)

❾ 1. antiphrase : le ton ironique met en valeur les verbes « désole » et « détruit ». – 2. hyperbole : la guerre est présentée comme un massacre ; l'auteur insiste sur l'aspect sanguinaire.

❿ 1. « J'accuse » : c'est un modalisateur qui permet de porter un jugement. 2. « scélérate », « la plus monstrueuse partialité », « naïve audace », « mensongers et frauduleux ». – 3. « impérissable monument » et « à moins qu'un examen médical ne les déclare atteints d'une maladie de la vue et du jugement ».

SUJETS DU BREVET

1. Sujet, page 55

Première partie

QUESTIONS

I. 1. La forêt prend la parole au début du poème. Deux marques caractéristiques du discours direct sont la ponctuation (les deux points et les guillemets), l'emploi de la première personne du singulier. [On pourrait aussi citer le verbe introducteur de parole « dit », le présent, l'interjection « Ah »].
La figure de style employée est une personnification.
2. L'auteur joue sur le double sens du mot « fourmis », celui de l'insecte et celui du picotement.
3. a. C'est un présent d'habitude.
b. Le sujet est « on ».
c. Les verbes appartiennent au champ lexical de la violence, de la persécution.
4. a. Les trois formes du pronom personnel qui désigne le locuteur sont « moi », « me » et « je ».
b. La forme la plus fréquente est « me ». Sa fonction est complément d'objet direct.
5. Le locuteur est une victime car il est l'objet de violence perpétrée par un groupe indéfini.
II. 1. a. « pourtant » est un adverbe (ou connecteur logique) qui exprime un rapport d'opposition.
b. Le propos est développé dans les vers 9 à 11 :
« On m'ordonna : "Prenez racine." Et je donnai de la racine tant que je pus.
"Faites de l'ombre." Et j'en fis autant qu'il était raisonnable.
"Cessez d'en donner l'hiver." Je perdis mes feuilles jusqu'à la dernière. »
2. Ces vers sont construits sur un rythme binaire (2 phrases par vers) et sur un parallélisme qui présente une phrase contenant un ordre, suivie d'une phrase contenant l'exécution de l'ordre.
3. Un synonyme de « docilité » serait « soumission » (« obéissance », « résignation »).
III. 1. Le pronom « on » peut représenter une puissance supérieure, la nature ou les bûcherons.
2. On remarque la répétition du verbe « répondre », les phrases impératives au subjonctif aux vers 15 et 16, les modalisateurs du vers 18 (« il semble », l'emploi du conditionnel, les adverbes « bien » et « tout de même »).
3. Ce vers suggère une image de la forêt qui abandonne ses habitudes et son calme : on peut alors imaginer le mouvement et le bruissement de ses feuilles sous l'action du vent et des questions qui la préoccupent.

RÉÉCRITURE

La forêt se plaignit que c'était toujours elle la sacrifiée, qu'on la harcelait, qu'on la traversait, qu'on la brisait à coups de hache.

DICTÉE

• Orthographe lexicale : attention aux mots « auparavant » et « abattre ».
– Les verbes.
– Les verbes sont conjugués principalement à l'imparfait (recouvrait, s'étendait, pensaient…) et au passé simple (se réfugia, pénétra et sortit).
– « qui n'était pas encore arrivé d'Amazonie » : pour accorder le verbe et le participe passé, il faut identifier l'antécédent de la proposition subordonnée relative, « le cacao ».
– « fuyait » : le verbe « fuir » change de radical pour certaines formes (je fuis, ils fuiront, nous fuyons, il fuyait, fuyant).
– « poursuivaient » : le pronom personnel « le » placé juste avant le verbe est COD ; il faut accorder le verbe avec son sujet « Les chasseurs d'esclaves ».

• Orthographe grammaticale :
– « toutes les directions » : « toutes » est un adjectif indéfini ; il s'accorde en genre et en nombre avec le nom-noyau, « directions ».
– « pour planter » : les verbes précédés d'une préposition sont à l'infinitif.
– « Les chasseurs d'esclaves » : le sens du groupe nominal indique que le nom « esclaves » doit être au pluriel.
– « la forêt habitée » : les participes passés employés comme adjectifs s'accordent en genre et en nombre avec les noms qu'ils qualifient.
– « jamais plus n'en sortit » : cette proposition est à la forme négative ; « n'en » est formé de l'adverbe de négation « n' » et du pronom adverbial « en » qui désigne la « forêt ».

Seconde partie

RÉDACTION

Quelques conseils avant de commencer :
1. Le sujet implique que vous utilisiez le discours direct.
2. Vous pouvez organiser votre texte en deux parties, une partie narrative et une partie argumentative ou reprendre la structure du texte de Supervielle.
3. Pensez au ton général de votre texte : humoristique (pour faire rire), pathétique (pour émouvoir), polémique (pour critiquer une attitude).
4. Avant de commencer, réfléchissez bien au choix de l'animal ou du végétal : vérifier que vous avez des idées aussi bien pour le récit de sa vie que pour les arguments sur le sens de l'existence.
Le chien dit : « Je suis né un jour de décembre froid et pluvieux dans un centre de la SPA. J'avais juste trois mois lorsque "papa" et "maman" sont venus me chercher. Lui m'a donné une tape sur le crane ; elle m'a pris dans ses bras. Tout de suite j'ai su que je serais bien avec eux.
On a installé ma niche dans un coin du garage. Je n'ai rien demandé de plus.
On m'a dit de garder la maison. J'ai mordu l'homme à la casquette qui tous les matins venait sonner à la grille.
On m'a dit de faire mes besoins dans le caniveau. J'ai mis ma fierté sous mes oreilles.
On m'a dit de ne pas aboyer. J'ai regardé sagement les chats déchiqueter les poubelles.
On m'a dit d'être gentil avec les enfants. J'ai accepté qu'ils me tirent les oreilles et qu'ils m'affublent de casquettes et tee-shirt.
J'ai toujours obéi même quand je n'étais pas d'accord, même s'il me semblait plus naturel de faire le contraire de ce que l'on me demandait. Mais : "Qui c'est le maître ? Qui c'est qui décide ?" Certainement pas moi, le chien, l'animal dressé par l'homme pour répondre au coup de sifflet. J'ai donc appris à ne pas réfléchir, à ne pas désirer. Par ailleurs on me donnait à manger tous les jours, on me brossait, on me promenait le dimanche après-midi. Je faisais partie de la famille. Que demander de plus ? Un chien n'est pas un loup, il n'a pas besoin de liberté. Et puis de toutes façons, j'avais trop peur de retourner d'où je venais ; alors je m'étais fait docile. On aurait pu graver sur mon collier : "Obéir pour être aimé." La résignation, voilà mon éthique, ma philosophie de la vie.
Non vraiment, j'ai beau chercher, je ne comprends pas quelle faute j'ai commise. Alors pourquoi ? Pourquoi suis-je là, en ce 15 août, attaché à un arbre, au bord de l'autoroute du soleil ? »

2. Sujet, page 56

Première partie

QUESTIONS

I. 1. L'auberge provoque une impression inquiétante, lugubre, sordide : elle est sale, abandonnée. La mort semble régner. Voici quelques expressions : « l'odeur du temps pourrissait là, tenace et pernicieuse », « un âtre vide et inutilisé depuis bien longtemps », « les bouteilles qui gisaient là […] avaient depuis longtemps rendu l'âme ». Pour parler de la saleté, vous pouviez citer : « l'odeur du temps pourrissait là, tenace et pernicieuse », « les toiles d'araignées qui bouchaient la cheminée », « les bouteilles [...] poussiéreuses ».

2. L'unique trace de vie se trouve être la chandelle « allumée depuis peu ». Elle ne rassure pas le narrateur car elle prouve qu'il y a une présence, ce qui est en contradiction avec l'atmosphère de mort, l'abandon qui règne dans l'auberge.

3. La figure de style utilisée est la personnification. Cette figure de style consiste à prêter des caractéristiques humaines à des objets, des plantes, des animaux, etc. Ici l'auteur utilise des expressions « gisaient », « rendu l'âme » qui s'appliquent à l'être humain. Il y a un autre exemple dans le texte : « les années assoiffées ». Cette figure de style prête aux objets une vie et renforce le caractère étrange, inquiétant du lieu.

II. 1. L'action s'enclenche avec le connecteur temporel « Tout à coup ». Les informations données dans les lignes précédentes définissent le cadre spatio-temporel, installent une atmosphère inquiétante, préparent le lecteur à accepter l'intrusion du surnaturel.

2. « On » à la ligne 3 représente l'aubergiste ou toute personne pouvant accueillir les clients. « On » à la ligne 18 représente la présence inquiétante de quelque chose ou quelqu'un qui rôde autour du narrateur. Les guillemets sont utilisés pour insister sur l'incertitude concernant l'identité de la présence.

3. Quatre noms du champ lexical de la peur : « inquiétude » (ligne 6), « crainte » (ligne 7), « anxiété » (ligne 22), « angoisse » (ligne 22). On acceptera le mot « frissons ». Ces termes ne sont pas synonymes mais ils expriment une gradation, une montée de l'angoisse, de la peur.

III. 1. L'indice grammatical révélant l'implication du narrateur est « j' » et celui du dernier paragraphe est « mon » ou « m' » ou « ma ». L'effet produit par cette présence constante du narrateur permet au lecteur de s'identifier au narrateur et de renforcer son adhésion au récit en produisant un effet de réalisme : l'histoire nous paraît plus crédible parce que quelqu'un nous la raconte. Cette crédibilité est essentielle pour le récit fantastique qui a besoin de l'adhésion du lecteur. De plus, ce point de vue interne dans la narration accroît la tension dramatique du récit car les impressions, les sentiments du narrateur sont décrits de l'intérieur.

2. Ces adjectifs sont formés à partir d'un radical *pit* (pitié) et *vis* (vue) précédés chacun d'un préfixe privatif *in*– et *im*– et suivis d'un suffixe exprimant la possibilité *-able* ou *-ible*. Impitoyable : qui ne peut être sensible à la pitié. Invisible : qui ne peut pas être vu. Le narrateur se sent en danger, observé mais il ne peut identifier la nature du danger.

3. Le narrateur a peur : d'abord « tressaillant » puis il ressent des frissons et enfin une sensation d'étouffement : « vive angoisse qui m'oppressa jusqu'à m'étouffer », ligne 22. Il se mit alors à transpirer : « je suais », ligne 24.

4. Cette nouvelle appartient au genre fantastique. L'atmosphère créée, le climat d'angoisse, la présence d'un être invisible, des éléments étranges, inexpliqués vous permettent de trouver le genre fantastique.

RÉÉCRITURE

Tout à coup un insidieux frisson nous traversa, semblable à celui ressenti dehors et qui nous avait chassés jusqu'ici. « On » se trouvait à nouveau là tout proche ! Les murs avaient beau nous protéger de trois côtés ; éclairés par le foyer craquant, nous étions visibles et vulnérables. On pouvait nous atteindre de face, en tirant de loin, à plomb. Nous nous dressâmes, les muscles prêts à une nouvelle fuite.

Il faut accorder au masculin pluriel : « chassés » (le COD « nous » est placé avant le participe passé), « éclairés » (apposé à « nous »), « visibles et vulnérables » (attributs du sujet « nous »).

« Nous nous dressâmes » est conjugué à la 1re personne du pluriel.

DICTÉE

Il fallait être attentif aux conjugaisons passé simple/imparfait.

Seconde partie

RÉDACTION

Chers amis lecteurs,

Je viens de terminer la lecture d'un livre de Claude Seignolle intitulé *L'Auberge du Larzac*. Ce récit m'a vivement intéressée et je vous conseille sa lecture. En effet, tous les ingrédients du genre fantastique sont là pour nous passionner dès les premières lignes !

Un officier se trouve perdu une nuit d'orage dans les Cévennes. Après avoir vu sa jument s'enfuir devant une menace étrange, le narrateur qui est l'officier lui-même trouve refuge dans une auberge qui lui paraît dès les premières minutes très lugubre. Celle-ci en effet semble complètement abandonnée mais très vite l'officier sent une présence invisible menaçante. *Le Horla* de Guy de Maupassant, autre récit fantastique, met lui aussi en scène une présence invisible menaçante. L'ambiance est morbide, inquiétante, et cela contribue à mettre le lecteur en haleine, d'autant plus que nous les adolescents, nous adorons ce qu'il y a de morbide, comme en témoignent les succès cinématographiques de *Scream* ou de la série *X-Files*. Bref, le genre fantastique est une valeur sûre pour tous les lecteurs, même ceux qui n'aiment pas lire. Les événements surnaturels, que ce soit une statue animée, comme dans *La Vénus d'Ille*, ou des objets se métamorphosant comme dans *La Cafetière* de Théophile Gautier ne sont jamais complètement expliqués et c'est là un atout majeur du genre fantastique que de proposer aux lecteurs une hésitation entre le rationnel jamais complètement satisfaisant et le surnaturel. Ne nous trompons pas ! Sous des aspects parfois « farfelus » et je citerai la nouvelle « Suicide au parc » de Dino Buzzati extraite du *K*, se cachent des interrogations très sérieuses sur la condition humaine, le sens de notre vie, notre rapport au monde matériel, à la mort, et même parfois une critique de notre société. Une jeune femme éperdument amoureuse de son époux se transforme en une voiture, la voiture idéale pour ce mari qui finit par s'en lasser au profit d'une automobile plus « jeune », plus belle, plus puissante. L'auteur dénonce dans cette fable la maladie qui règne dans nos sociétés et qui consiste à confondre l'être et le paraître. En conclusion, le fantastique, un genre idéal pour réfléchir et se poser des questions ! Donc faites-moi confiance et précipitez-vous au CDI pour emprunter *L'Auberge du Larzac*. Ce récit est vraiment mon coup de cœur de la semaine ! A. J.

3. Sujet, page 58

Première partie

QUESTIONS

I. 1. a. L'événement qui constitue ce début de roman est le départ des personnages, Fintan et sa mère Maou, vers un autre continent, l'Afrique, à bord d'un bateau, le *Surabaya*.

b. D'abord, le navire quitte « les eaux sales de l'estuaire de la Gironde ». Puis, il s'éloigne peu à peu des côtes : « Au bout du sillage blanc, la bande de terre s'effaçait. » Le narrateur finit par découvrir « le bleu profond de la mer », la terre s'est effacée « dans le mouvement de la mer ».

2. Dans les lignes 1 à 7, voici les indices de temps : la fin de l'après-midi. Les indices de lieu sont : l'estuaire de la Gironde. La côte ouest de l'Afrique est indiquée comme lieu de destination. Dans les lignes 14 à 19, on a une précision concernant la date de l'action : la fin du dimanche 14 mars 1948. La scène se situe sur le bateau, sur le pont.

3. a. Dans les lignes 8 à 13, le plus-que-parfait est utilisé pour exprimer un retour en arrière qui raconte des actions antérieures à celles exprimées au passé simple et imparfait qui constitue le récit.

b. Ce retour en arrière a une fonction explicative car il permet d'expliquer pourquoi Fintan appelle sa mère Maou.

II. 1. Dans la première phrase, « appeler » est au conditionnel présent. C'est ce qu'on appelle « un futur dans le passé » : il exprime une action postérieure par rapport au temps de la principale, le plus-que-parfait. Dans la deuxième phrase, « appeler » est au futur de l'indicatif. Il est utilisé dans le discours direct pour exprimer une projection dans l'avenir par rapport au présent désigné par « aujourd'hui ».

2. a. Sa mère est « jeune », « proche », « vivante », « forte ».

b. L'impression qui se dégage est une impression d'énergie, de dynamisme et en même temps ces adjectifs évoquent une mère qui rassure.

3. Ce jour-là constitue un bouleversement dans la vie de l'enfant. Il sait que « jamais plus rien ne sera comme autrefois ». Sa mère constitue donc le seul repère qui lui reste dans cette vie qui s'apprête à basculer.

III. 1. Le pronom « tout » désigne tout ce qui se trouve dans l'estuaire, c'est-à-dire « Les langues de sable hérissées de roseaux », les « huttes des pêcheurs » ainsi que les « tours, balises, nasses, carrières, block-haus ».

2. Le sillage blanc désigne l'écume formée par l'avancée du navire dans la mer. Plus le bateau progresse, plus la terre disparaît.

3. « Drôle » peut admettre comme synonyme « étrange, curieuse ».

4. a. On peut exprimer une relation de cause-conséquence entre les deux propositions : ils s'en allaient si bien que jamais plus rien ne saurait comme autrefois ou comme ils s'en allaient, jamais plus rien ne serait comme autrefois. Dans les deux cas, vous utiliserez une conjonction de subordination, « si bien que » exprimant la conséquence ou « comme » exprimant la cause.

b. Ce départ est important pour l'enfant car il sait qu'il va changer radicalement de vie en changeant de continent : « plus rien ne serait comme autrefois », « c'était aussi la dernière fois ».

c. Le jeune Fintan est très attentif à ce qu'il voit du bateau, c'est-à-dire ce qui compose le paysage de l'estuaire, « les huttes », les « block-haus », ce qu'il entend, « les bruits, les cris des mouettes ». En même temps, il regarde attentivement sa mère qui prend une énorme place à ce moment dans sa vie : elle est un élément rassurant, car il éprouve beaucoup d'anxiété : « cela serrait sa gorge et faisait battre son cœur plus fort ». Fintan a peur de l'inconnu.

RÉÉCRITURE

Les enfants regardaient le visage de Maou, à leur gauche, devenant peu à peu un pur profil contre l'éclat du ciel et de la mer. Ils pensaient que c'était cela, c'était la première fois. Et en même temps, ils ne pouvaient pas comprendre pourquoi cela serrait leur gorge et faisait battre leur cœur plus fort, et mettait des larmes dans leurs yeux, parce que c'était aussi la dernière fois.

DICTÉE

- **Participes passés :** De nombreux verbes sont conjugués au passé composé, ce qui pose le problème de l'accord des participes passés : fait, roulé, couru, consacré sont employés avec l'auxiliaire « avoir » et quand il y a des C.O.D., ils sont placés après : il n'y a donc pas lieu d'accorder. – rattrapée : le C.O.D. « l' » mis pour « la vie » est placé avant : on accorde donc au féminin singulier. – Mis s'accorde avec le C.O.D. masculin « m' ».

- **Orthographe lexicale :** attention aux consonnes doubles dans « derrière » et « rattrapée » (deux « t » mais un « p »). – Les noms « liberté » et « légèreté » ne prennent pas de « e » final puisqu'ils ne désignent pas un contenu. – « Courir » ne prend qu'un seul « r ».

- **Orthographe grammaticale :** attention à la terminaison de « aurai » qui est un futur.

Seconde partie

RÉDACTION

Fintan restait silencieux. Sa mère sentit alors qu'elle se devait de lui expliquer les raisons de ce départ. Elle, qui avait tant rêvé d'une vie meilleure pour eux deux, ne supportait pas de voir son enfant souffrir.

« Allons, mon chéri, ne sois pas triste. Je sais qu'il est difficile de quitter un lieu que l'on a toujours connu, aimé, dans lequel vivent de nombreux êtres chers. Je comprends que tu sois malheureux de les quitter mais c'est parce que tu ne penses pas à tous les futurs amis que tu auras là-bas, en Afrique. Les gens sont tellement chaleureux que tu verras, tu seras bien accueilli.

– Mais Maman, je n'ai aucune envie d'avoir d'autres amis ! Ceux-là me convenaient parfaitement !

– Mon chéri, tu sais bien que nous ne pouvions plus rester à Bordeaux. J'ai ma vie à construire et on me propose un boulot très intéressant et très bien payé. Tu verras, nous ne serons plus obligés de faire attention aux fins de mois, nous aurons une belle maison. Je suis sûre que Dakar va te plaire : c'est une ville si animée avec ses marchés. Nous irons à la plage très souvent ! Tu vas avoir la chance de connaître d'autres cultures, d'autres modes de vie. Tu vas apprendre la tolérance, le respect de la différence : ce sont des valeurs auxquelles j'attache beaucoup d'importance et qui sont fondamentales pour ton éducation.

– Mais moi je n'en ai rien à faire de tout ça ! J'aime la vie en France. J'ai très peur de ce qui m'attend !

– Fintan, on grandit, on progresse dans la vie en s'adaptant. Ce qui te paraît si difficile sur le bateau ne sera plus quand tu seras confronté à la nouveauté : elle fait partie intégrante de la vie. C'est le cours normal des choses que de quitter des amis, des lieux. Je t'oblige peut-être à le faire un peu plus tôt mais rien n'est jamais facile ! Je ne pouvais pas faire autrement, mon bonheur est à ce prix et je suis sûre que tu préfères vivre avec une maman heureuse ! »

Fintan ne pouvait rien objecter à sa mère. Il l'aimait tellement qu'il était prêt à faire tous les sacrifices.

« Maou, finit-il par lui dire, tu me laisseras revenir à Bordeaux de temps en temps ? Je sais que le voyage coûte cher mais Tante Marie et Oncle Joseph vont tellement me manquer ! Et puis il y a tous les copains du quartier ! »

Maou sourit. Elle voulait le bonheur de son fils. Elle lui promit qu'il rentrerait une fois par an en France. Cela rassura Fintan. De toute façon, il pouvait toujours écrire et il aurait tellement de choses à raconter !

« Allez, en route vers notre nouvelle vie ! s'écria-t-il. »

Maou le prit dans ses bras. Elle sentait l'inquiétude de Fintan et savait tous les efforts qu'il faisait pour la combattre.

« Rentrons dans la cabine, dit-elle. J'ai un peu froid. »

Fintan lui prit la main, la serra très fort. Il savait qu'il pouvait compter sur cette maman.

18 L'expression de l'opposition et de la concession

Observer et retenir

On peut exprimer l'opposition ou la concession grâce à :

- **deux propositions indépendantes coordonnées** (mais, or) :
Exemple : Tu affirmes avoir laissé les clefs sur le buffet **or** je ne les vois pas.

> L'**opposition** et la **concession** consistent à **rapprocher deux faits contradictoires**, qui se déroulent ou pourraient se dérouler simultanément, pour les **opposer**.

- **une proposition subordonnée conjonctive** :
Exemple : **Quand bien même Louis aurait encore son plâtre**, nous partirons en Tunisie.

Attention ▶ Le mode du verbe de la subordonnée dépend de la conjonction de subordination.

- **un groupe prépositionnel** (sans, excepté, malgré, en dépit de, au lieu de) :
Exemple : **Malgré l'heure tardive**, je me permets de vous téléphoner.

- **un participe ou un adjectif apposé** (introduit souvent par une conjonction) :
Exemple : **Bien que désordonnée**, Laura ne perd jamais rien.

- **un verbe au gérondif précédé de « tout »** :
Exemple : Comment peux-tu m'écouter **tout en lisant le journal** ?

S'entraîner

1 Soulignez le complément circonstanciel d'opposition et indiquez sa classe grammaticale.

1. Au lieu de disparaître discrètement par l'escalier de service, la servante congédiée sortit fièrement par la porte principale. _____
2. Alors que l'orage grondait au loin, Joe a laissé la télévision et l'ordinateur allumés. _____ 3. Il est interdit de manger tout en conduisant. _____ 4. Quand bien même cette voiture nous plairait, nous ne l'achèterons pas ! _____

2 Conjuguez le verbe entre parenthèses au temps et au mode qui conviennent.

1. Même si tu (être) _____ en colère, tu aurais pu me parler plus poliment. 2. Les marins décidèrent de ne pas prendre la mer, bien que le ciel (se lever) _____. 3. Quand bien même vous (arriver) _____ en retard à la réunion, nous vous attendrons avant de commencer le vote. 4. Quoi qu'ils (dire) _____, ils seront bien obligés de faire appel à des déménageurs. 5. L'équipe adverse avait déjà franchi la ligne d'arrivée, tandis que nous (chercher) _____ encore notre chemin. 6. Quelques excuses qu'il (pouvoir) _____ donner, je ne suis pas prête de lui pardonner son mensonge.

3 Transformez les deux indépendantes en une proposition principale et une proposition subordonnée conjonctive d'opposition. Utilisez les conjonctions de subordination proposées entre parenthèses.

1. C'est le printemps mais il fait toujours froid. (alors que) _____
2. Certaines grandes surfaces étaient ouvertes le 1er mai, or je refuse de faire les courses le jour de la fête du Travail. (quand bien même)

S'entraîner au brevet

4 Grenoble, septembre 2001.
Lisez l'extrait suivant.
Il avait bien essayé de se remettre à plaisanter, à fanfaronner, mais le cœur n'y était plus.

Sylvie GERMAIN, Le Chineur de merveilles, 1996.

1. Quel rapport logique unit les deux propositions de cette phrase ?
2. Exprimez-le en utilisant une proposition subordonnée.

19 L'expression de la condition

Observer et retenir

Les différents moyens

On peut exprimer **la condition** au moyen :
- d'une **proposition subordonnée conjonctive** :
Si tu réussis ton tableau, nous l'accrocherons./Nous l'accrocherons à condition qu'il soit réussi.
- d'une **proposition subordonnée relative** : Celui qui nagerait bien pourrait atteindre cette île en une heure.
- d'une **proposition subordonnée participiale** : Les épreuves ayant été difficiles, je n'aurais pas eu une telle moyenne.
- d'une **proposition indépendante juxtaposée** : Réussirais-tu ton tableau, nous l'accrocherions.
- d'un **gérondif** : En te dépêchant, tu pourrais arriver à l'heure !
- d'un **adjectif épithète détaché** : Trop affable, il ne t'aurait pas plu !
- d'un **groupe nominal apposé** : Homme d'affaires brillant, il surprendrait tout le monde en revendant ses actions.
- d'un **groupe prépositionnel** : À condition de me le dire, je t'accompagnerai.

Nuancer l'hypothèse

> Dans les phrases hypothétiques complexes (une principale + une subordonnée), l'action évoquée dans la principale dépend du **degré de réalisation** de l'hypothèse formulée dans la subordonnée.

Cette hypothèse, ou supposition, peut être présentée comme :
- réalisable (**l'éventuel**) : **Si tu m'aimes**, suis-moi !
  indicatif présent — indicatif présent ou futur
- possible (**le potentiel**) : **Si tu me prêtais trois euros**, je pourrais aller à la piscine.
  indicatif imparfait — conditionnel passé
- non réalisée dans le présent (**l'irréel du présent**) : **Si j'avais du courage**, je t'aiderais !
  indicatif imparfait — conditionnel présent
- non réalisée dans le passé (**l'irréel du passé**) : **Si tu avais pris ton maillot**, nous serions allés à la piscine.
  indicatif plus-que-parfait — conditionnel passé

S'entraîner

1 Dans les phrases suivantes, soulignez le mot ou groupe de mots qui exprime la condition et donnez sa nature grammaticale.

1. La pluie cessant, nous ferions une promenade jusqu'à la falaise. _____
2. Si Léa ne vient pas, Bastien sera déçu ! _____
3. En gagnant cette étape, il aurait remporté le maillot jaune. _____
4. Habillé de la sorte, tu ne m'accompagneras pas à cette soirée ! _____
5. Quiconque eût entendu cela eût été bien fâché ! _____
6. Sans palmes, il n'aurait pas pu nager sur une telle distance. _____

2 Associez les hypothèses de la colonne de gauche aux propositions de la colonne de droite, de façon à former des phrases cohérentes. (Toutes les hypothèses doivent être utilisées une fois).

En connaissant son code, •	• il n'aurait pas eu d'accident.
La voiture révisée, •	• nous arriverons à Paris à temps.
Si tu vas au garage, •	• nous ne risquerons pas d'avoir une panne.
À moins d'une panne, •	• Julie aurait plus de chance d'avoir son permis.
Prudent, •	• peux-tu vérifier la pression des pneus ?

3 Précisez si les propositions subordonnées circonstancielles introduites par si expriment une action réalisable, seulement possible, non réalisée dans le présent ou non réalisée dans le passé. Vous indiquerez à quel mode et quel temps est conjugué le verbe de chaque subordonnée.

1. Si tu es là, réponds-moi ! _____
2. Je te préviens : si par malheur nous avions une panne d'essence, je n'irais pas à pied jusqu'à la station-service ! _____
3. Si tu n'es pas content, tu n'as qu'à le dire ! _____

19 L'expression de la condition

4. Si Clémence n'avait pas insisté à ce point, nous ne l'aurions jamais invitée. _____
5. Si les poissons n'avaient pas d'arêtes, nous en mangerions plus souvent. _____

4 Conjuguez le verbe entre parenthèses au temps et au mode qui conviennent.

1. Si tu (faire) _____ du sport, tu serais un peu plus musclé ! 2. Si Ferdinand (apercevoir) _____ un ennemi, il ne sait pas s'il aurait pu tirer. 3. Si Robinson (ne pas rencontrer) _____ Vendredi, il se serait bien ennuyé. 4. Si vous (se charger) _____ du dessert, cela me rendrait service. 5. S'il (rester) _____, c'est moi qui m'en vais !

5 Transformez ces phrases hypothétiques à l'irréel du présent en phrases à l'irréel du passé.

1. Si je n'avais pas de si grands pieds, je trouverais des espadrilles à fleurs à ma taille !
➜ _____
2. Si Cassandre ne s'asseyait pas sur le hamster, il serait encore vivant.
➜ _____
3. Si tu étais gentille, on t'inviterait samedi soir.
➜ _____
4. Si nous faisions suffisamment d'économies, nous irions passer Noël à New York.
➜ _____
5. S'il faisait moins chaud, vous passeriez de meilleures vacances.
➜ _____

6 Dans chacune de ces phrases, remplacez les mots en bleu par une proposition subordonnée introduite par si. Observez bien le verbe de la principale afin de respecter le degré de réalisation.

1. Sans ton aide, ils ne s'en seraient jamais sortis ! ➜ _____
2. Prêtez-lui cet argent, il ne vous le rendra jamais ! ➜ _____
3. Les voitures fonctionnant à l'éthanol, le pétrole aurait moins de prix. ➜ _____

7 Transformez ces phrases afin d'obtenir une proposition subordonnée conjonctive de condition.

1. Invitons en secret ses amies : elle sera heureuse.
➜ _____
2. En arrivant à l'heure, nous aurions vu le début du film.
➜ _____
3. Son scooter n'ira pas loin : il n'a pas mis d'essence !
➜ _____
4. Ces photos seront réussies à condition d'utiliser un flash.
➜ _____
5. Ceux qui auraient travaillé sérieusement auraient pu réussir.
➜ _____

S'entraîner au brevet

8 Lisez le texte suivant.

Si seulement j'avais un million de dollars, je pourrais quitter cet endroit, marmonna-t-il, en sautant par-dessus un seau dans lequel trempait une serpillière. J'irais en Alaska. Je trouverais la source de l'Amazone et je lui donnerais mon nom, je découvrirais l'Atlantide, je...
E. H. RHODES, *Le Prince de Central Park*.

1. Donnez la nature et la fonction de la proposition introduite par « si ». Remplacez-la par un groupe prépositionnel de même valeur.
2. Identifiez et justifiez la conjugaison des verbes « pourrais », « irais », « trouverais », « découvrirais » ; dans quel système hypothétique sommes-nous ?

Aide ▶ Quand on vous demande de **reconnaître le système hypothétique**, cela signifie que vous devez préciser le degré de réalisation de l'hypothèse **(potentiel, irréel du présent, etc.)**.

33

20 Les connecteurs logiques

Observer et retenir

Les connecteurs logiques sont des **mots qui établissent une relation logique** entre deux mots, deux propositions, deux paragraphes.
Ils peuvent traduire l'addition, la similitude, l'alternative, l'opposition, la cause, la conséquence...
Ils sont **conjonctions de coordination, adverbes et locutions adverbiales, conjonctions et locutions conjonctives de subordination.**

Remarque ▸ Ils sont parfois sous-entendus : c'est la ponctuation qui traduit alors leur valeur.

Exemple : La journée s'annonçait chaude : ils décidèrent de partir à bord du voilier.

Sens / Nature	Addition Similitude Liaisons	Alternative	Opposition Contradiction	Cause Explication	Conséquence Conclusion	Illustration
Conjonctions de coordination	et, ni... ni, or	ou	mais, or	car	donc	
Adverbes et locutions adverbiales	de plus, par ailleurs, également, de même, d'abord, puis, en outre, enfin, premièrement	ou bien... ou bien, soit... soit	cependant, pourtant, néanmoins, du reste, d'ailleurs, en revanche, au contraire	en effet, de fait	aussi, bref, en conclusion, en conséquence	par exemple, ainsi, notamment, à savoir
Conjonctions et locutions conjonctives de subordination		soit que... soit que	quoique, bien que, tandis que, alors que	parce que, puisque, vu que, étant donné que, du fait que	de sorte que, si bien que, à tel point que	

S'entraîner

❶ Soulignez le connecteur en bleu approprié.

1. Tu rentres **et/donc/ou** tu sors, **donc/mais/car** tu ne laisses pas la porte ouverte **or/cependant/car** il y a des courants d'air ! **2.** **Par ailleurs/Soit que/D'abord**, je n'aime pas que l'on me donne des ordres, vu **que/ensuite/ainsi** je sais ce que je fais, **alors que/à savoir/par conséquent** je n'ai absolument pas envie de t'écouter ! **3.** Il y a des dangers à pratiquer le clonage des êtres humains. Ces expériences peuvent **par ailleurs/en effet/d'ailleurs** permettre d'améliorer la culture de cellules d'organes vitaux comme le foie **soit/aussi/ou** le rein ; en outre elles peuvent aboutir à la création d'êtres exactement semblables à nous-mêmes, **du reste/mais/en conclusion** à la volonté peut-être contrôlable... **4.** La recherche médicale **donc/et/notamment** scientifique d'une façon générale avance à pas de loup, **du reste/c'est pourquoi/parce que** nous devons être extrêmement prudents en matière de liberté accordée aux savants.

❷ Pour chaque signe de ponctuation en bleu, proposez un connecteur logique et expliquez la relation logique sous-entendue.

1. Nous avons appris, maintenant, à ne plus considérer notre planète comme une demeure sûre et inviolable pour l'homme **:** jamais nous ne serons en mesure de prévoir quels biens ou quels maux invisibles peuvent nous venir tout à coup de l'espace.

Herbert George WELLS, *La Guerre des mondes*.

2. En classe, je n'avais d'yeux que pour lui **:** il ne s'en doutait pas assurément **;** jusqu'à ce jour je n'avais pas échangé avec lui vingt paroles.

André GIDE, *Si le grain ne meurt*.

20 Les connecteurs logiques

3. Les hommes et les femmes conviennent rarement sur le mérite d'une femme : leurs intérêts sont trop différents.

La Bruyère, *Les Caractères*.

---

3 Complétez ce texte à l'aide des connecteurs logiques proposés : **bien que, en effet, c'est pourquoi, même si, parce que.**

Lorsque les détectives sont arrivés sur les lieux du crime, ils n'ont trouvé qu'un cadavre déjà froid, et pas de témoins ; _____, _____ ils avaient désespérément besoin d'indices, ils ont fouillé toute la maison, examiné tous les objets à la loupe, _____ apparemment aucun d'eux ne semblait pouvoir leur apprendre quoi que ce soit ; _____, ce sont toujours de simples détails qui permettent de découvrir une piste, _____ ils aient l'air insignifiants.

4 Les phrases suivantes sont absurdes car les connecteurs logiques sont mal choisis. Rétablissez leur cohérence en proposant le connecteur approprié.

1. Je souhaiterais t'accompagner lors de cette randonnée, de plus mon vélo est hors d'usage ! _____ **2.** Nous n'avions pas fait nos exercices parce que le professeur nous a punis. _____ **3.** Il était impossible d'emprunter cette route, de sorte qu'il y avait énormément de neige, verglacée par endroits. _____ **4.** Je suis morte de faim, à tel point que je n'ai rien mangé ce matin : néanmoins, il ne restait pas même une malheureuse biscotte. _____ **5.** Il n'y a pas de vent, en conclusion il fait soleil. Bref allons à la plage cet après-midi. _____ **6.** Tandis que cet homme a détourné plusieurs millions de francs, il sera condamné à une peine de prison ferme. _____ **7.** Au début du printemps, s'épanouissent de nombreuses fleurs jaunes, bref les jonquilles et les narcisses. _____

5 Conjuguez les verbes entre parenthèses au temps indiqué et au mode qui convient.

1. Bien qu'il y (avoir, imparfait) _____ peu de monde dans le restaurant, le service était très lent ! **2.** Tu restes enfermé pour travailler alors qu'il (faire, présent) _____ si beau ! **3.** Quoique nous (habiter, présent) _____ dans le même immeuble, nous ne nous voyons jamais. **4.** Vu que vous ne (remplir, présent) _____ pas les conditions, que vous n' (participer, passé-composé) _____ à aucun stage de survie en forêt, vous ne serez pas admis au camp « des chats-huants ». **5.** Tous nos invités sont finalement venus, si bien qu'il n'y (avoir, imparfait) _____ pas assez de champagne ni de petits fours ! À tel point que la prochaine fois, nous (demander, futur) _____ à chaque invité de nous téléphoner, afin qu'il (pouvoir, présent) _____ nous dire s'il vient ou pas...

S'entraîner au brevet

6 Lisez l'extrait suivant.

Les terres de ce petit royaume[1] n'étaient pas de même nature : il y en avait d'arides et de montagneuses, et d'autres qui, dans un terrain bas, étaient arrosées de plusieurs ruisseaux. Cette année, la sécheresse fut très grande, de manière que les terres qui étaient dans les lieux élevés manquèrent absolument[2], tandis que celles qui purent être arrosées furent très fertiles. Ainsi les peuples des montagnes périrent presque tous de faim.

Montesquieu, *Lettres persanes*.

....
1. Il s'agit du royaume imaginaire des Troglodytes.
2. Ne produisirent rien.

1. Relevez les connecteurs logiques et précisez leur nature et leur sens.
2. « de manière que les terres qui étaient dans les lieux élevés manquèrent absolument » :
a. Proposez un connecteur synonyme de « de manière que ».
b. Donnez la nature et la fonction de cette proposition.
c. Modifiez la phrase afin d'obtenir une subordonnée circonstancielle de cause.

Aide ▸ Quand on vous demande la nature d'une proposition introduite par un connecteur, identifiez d'abord la nature de ce connecteur.

21 Les propositions subordonnées complétives

Observer et retenir

Les propositions subordonnées complétives ont, comme le nom, une fonction essentielle dans la phrase (sujet, attribut, C.O.D., etc.).

On en distingue trois sortes :

■ **Les propositions subordonnées conjonctives introduites par « que »**
Elles sont le plus souvent **C.O.D.** :
- de verbes de **déclaration** (annoncer) et d'**opinion** (penser) :
le verbe de la subordonnée est alors au mode **indicatif** : Je pense **qu'il viendra**.
- de verbes de **sentiment** (aimer) et de **volonté** (souhaiter) : le verbe de la subordonnée est alors au mode **subjonctif** :
Je souhaite **que tu nous rejoignes**.
Elles peuvent aussi être **sujet** (**Que tu aies raison** m'étonnerait fort !), **complément du nom** (La seule pensée **qu'il ait pu me mentir** me peine beaucoup), etc.

■ **Les propositions subordonnées interrogatives indirectes**
Elles sont introduites par **si** (interrogation totale : réponse oui/non) ou d'autres mots interrogatifs (interrogation partielle). Elles sont toujours **C.O.D.** du verbe principal :
Je me demande **s'il viendra**. Je me demande **à quelle heure il viendra**.

■ **Les propositions subordonnées infinitives**
Leur verbe est à l'**infinitif**. Elles sont **C.O.D.** du verbe principal.
Le sujet du verbe à l'infinitif est **toujours différent** du sujet du verbe principal.
Elles sont introduites **sans** mot de subordination : J'aime regarder **les autres travailler**...

S'entraîner

1 Soulignez les propositions complétives quand vous en repérez.

1. Je vois bien que tu te moques de moi ! **2.** L'histoire que tu me racontes ne m'amuse guère. **3.** J'ai rêvé que tu m'offrais une voiture décapotable. **4.** À moins que tu prépares un gâteau et que tu m'apportes des fleurs, je n'ai pas l'intention de t'inviter samedi. **5.** Peu importe qu'il ne remporte pas la médaille d'or ; l'important est qu'il fasse du mieux qu'il pourra. **6.** Le souvenir que j'ai de ta cousine est très flou... **7.** D'où vient que l'on rit si librement au théâtre, et que l'on a honte d'y pleurer ? (La Bruyère)

2 Conjuguez les verbes de chacune de ces propositions complétives au temps indiqué entre parenthèses, en choisissant le mode qui convient.

1. Je suis heureuse que vous (pouvoir, passé-composé) _____ venir. **2.** Le professeur exige que nous (rendre, présent) _____ nos devoirs sans retard ; je ne crois pas que cela (être, présent) _____ anormal ! **3.** Il est injuste que j'(être puni, passé) _____ et pas toi ! **4.** Le garde-chasse ne doute pas que le garçon (dire, présent) _____ la vérité, mais il préférerait que ce dernier lui (montrer, présent) _____ le contenu de son carnier. **5.** Nous ne nous attendions pas à ce qu'il (réagir, présent) _____ ainsi ; maintenant nous craignons qu'il (faire, présent) _____ un scandale. **6.** Des savants avaient compris que la terre (tourner, imparfait) _____ autour du soleil bien avant qu'on le reconnût officiellement.

3 Précisez pour chaque phrase si vous repérez une proposition subordonnée interrogative indirecte ou une subordonnée circonstancielle de condition.

1. Je te l'aurais demandé si je ne l'avais pas su ! _____
2. Je me demande si tu m'as bien comprise. _____
3. J'ignore s'il a pensé à louer une voiture. _____
4. S'il a vraiment pensé à tout, nous devrions passer des vacances formidables. _____

4 Transformez les phrases suivantes afin d'obtenir une proposition subordonnée et interrogative indirecte.
Attention à la concordance des temps lorsque le verbe de la principale est au passé !

1. Je me suis demandé : se moque-t-il de moi ? ➡ _____

21 Les propositions subordonnées complétives

2. Ophélie ignorait encore ceci tout à l'heure : Paul viendra-t-il ? →

3. Les journalistes ne peuvent affirmer ce point : les belligérants vont-ils signer un « cessez-le-feu » ? →

4. Pourquoi le terroriste ne s'est-il pas enfui après avoir posé la bombe ? On n'a jamais pu le savoir ! →

5. Les enquêteurs n'ont jamais pu le confirmer : le principal témoin a-t-il dit la vérité ? →

5 Relevez toutes les propositions subordonnées complétives et indiquez leur fonction.

1. Hector, entre les deux agents, se mit en route. [...] Il expliqua qu'il allait rentrer, qu'il avait renversé une femme, que ce n'était rien. [...] Quand il sut qu'elle n'était pas morte, Hector reprit espoir et promit de subvenir aux frais de sa guérison. (Maupassant)

2. Je crois que tu veux passer ta vie à la campagne. [...] Il est vrai que tu es dans une maison charmante, que tu y trouves une société qui te convient. (Montesquieu)

6 Transformez ces phrases afin d'obtenir des propositions subordonnées infinitives.

1. Je vois que tu manges tous mes chocolats ! →

2. Les élèves, en entendant que le professeur arrive, se taisent et font semblant de travailler. →

3. J'aime écouter cet orchestre lorsqu'il interprète de vieux airs de jazz. →

4. Regardez ce capucin qui vole des cacahuètes dans la poche du gardien ! →

7 Transformez les deux propositions indépendantes en une phrase complexe, puis identifiez la nature et la fonction de la proposition subordonnée obtenue.

1. Il réussira à se connecter à Internet ; il l'espère. →

2. Au printemps, les oiseaux chantent à mon balcon. J'aime bien les entendre. →

3. Je me le demande tout de même : cet ordinateur soldé est-il fiable ? →

4. L'idée me surprend : ils veulent aller vivre en Alaska ! →

5. Le cadeau que tu souhaitais est bien trop cher ; je le regrette. →

S'entraîner au brevet

8 Série collège, Martinique, septembre 2002.

Lisez l'extrait suivant.

La maîtresse avait été avisée entre-temps par un billet du docteur Brouchotte, que la maladie de l'enfant n'était pas contagieuse. Son apparition dans la classe n'en provoqua pas moins un effet de stupeur.

Henri Troyat, « La Grive », *Les Semailles et les Moissons*.

1. Quelle est la nature et la fonction de la proposition « que la maladie de l'enfant n'était pas contagieuse » ?
2. Justifiez l'emploi du passé « était ».

22 Voix active et voix passive

Observer et retenir

- **Voix active : Sabrina** a apprécié **la vidéo** → Le sujet du verbe accomplit l'action.
  sujet / C.O.D.
- **Voix passive : La vidéo** a été appréciée **par Sabrina** → Le sujet subit l'action ; le complément d'agent l'accomplit.
  sujet / complément d'agent

Pour conjuguer un verbe à la voix passive, on conjugue l'auxiliaire **être** au temps du verbe de la phrase active et on ajoute le participe passé de ce verbe.

Attention ▶ Il ne faudra pas oublier d'accorder le participe passé avec le sujet.

Exemples :
Les manifestants **envahissent** le centre-ville.
→ indicatif présent, voix active
Le centre-ville **est envahi** par les manifestants.
→ indicatif présent, voix passive : auxiliaire « être » au présent + participe passé
À Noël, les parents **avaient comblé** leurs enfants.
→ indicatif plus-que-parfait, voix active
À Noël, les enfants **avaient été comblés** par leurs parents.
→ indicatif plus-que-parfait, voix passive : auxiliaire « être » au plus-que-parfait + participe passé

S'entraîner

1 **Les phrases suivantes sont-elles actives ou passives ?**

1. Les réfugiés furent accueillis par les médecins volontaires. _____ **2.** Cet acteur est connu de tous. _____ **3.** Quand es-tu allé en Australie ? _____ **4.** Sur la Croisette, les stars sont sollicitées pour signer des autographes. _____ **5.** Nous sommes partis hier soir. _____ **6.** Par qui as-tu été invitée ? _____

2 **Complétez les phrases suivantes en conjuguant le verbe entre parenthèses au temps et à la voix indiqués, au mode indicatif.**

1. Après avoir débroussaillé les collines, les forestiers _____ des plantations (charger, passé composé, voix active). **2.** Dans la nuit, le poste de commandement ennemi _____ par une attaque des alliés (détruire, passé simple, voix passive). **3.** Les manuels qui _____ ne sont toujours pas arrivés (commander, plus-que-parfait, voix passive) ! **4.** Sans doute _____ -nous à l'heure du dîner (arriver, futur, voix active). **5.** De nouvelles terres _____ par les pionniers espagnols (conquérir, passé-composé, voix passive).

3 **Identifiez le mode, le temps et la voix des formes verbales suivantes.**

1. ils sont déplacés : _____
2. vous avez été écoutés : _____
3. on soit applaudi : _____
4. vous fûtes découverts : _____
5. je réussirai : _____
6. ils étaient trompés : _____
7. elle sera déclamée : _____
8. ils fussent suivis : _____
9. nous jouâmes : _____
10. nous avions été appréciés : _____

4 **Transformez les phrases suivantes à la voix active.**

1. La nouvelle de son enlèvement a été divulguée par les journalistes.
→ _____

2. J'étais agacé de sa lenteur.
→ _____

3. Des affiches avaient été collées un peu partout en ville pour les élections.
→ _____

22 Voix active et voix passive

4. Chaque semaine, la boîte aux lettres est remplie de prospectus.
→

5. À l'occasion du festival de la B.D., de nombreux dessinateurs seront invités par la ville.
→

6. Cet enfant aurait dû être félicité par ses parents ! →

7. La clé du cadenas aura été perdue par Simon. →

5 Transformez les phrases suivantes à la voix passive et soulignez le complément d'agent.

1. Le décor avait déçu la majorité d'entre vous.
→

2. La salle tout entière suivait attentivement le déroulement de la pièce.
→

3. Avant la saison touristique, les agents municipaux nettoient consciencieusement les plages.
→

4. On aurait volé *La Joconde* ! →

5. Je serais contente que mes élèves réussissent leur examen cette année.
→

6. Qui l'a cassé ? →

7. Il ne faut pas que l'on mentionne ses déboires avec la justice dans les journaux ! →

6 Lisez l'extrait suivant.
Ce fut dans l'une de ces chambres construites depuis un an, et chef-d'œuvre du général Fabio Conti, laquelle avait reçu le beau nom d'*Obéissance passive*, que Fabrice fut introduit. Il courut aux fenêtres : la vue qu'on avait de ces fenêtres grillées était sublime : un seul petit coin de l'horizon était caché, vers le nord-ouest, par le toit en galerie du joli palais du gouverneur, qui n'avait que deux étages : le rez-de-chaussée était occupé par les bureaux de l'état-major [...].

STENDHAL, *La Chartreuse de Parme*.

1. « Fabrice fut introduit » :
a. Transformez cette proposition à la voix active. →
b. Quel sujet avez-vous utilisé ? Pourquoi ?
2. a. Transposez les deux propositions soulignées à la voix active.

b. À votre avis, pourquoi le narrateur a-t-il préféré l'emploi des phrases passives ?

S'entraîner au brevet

7 Polynésie, séries technologique et professionnelle, 2001.
Lisez l'extrait suivant.
Aussitôt le public envahit le terrain. Les joueurs de Maupiti furent embrassés, portés en triomphe.

Claude ENER, *Maupiti*, éd. Rathaud, 1971.

1. Récrivez la deuxième phrase à la voix active.
2. Pour quelle raison l'auteur a-t-il préféré écrire cette phrase à la voix passive ?

23 Mettre en relief

Observer et retenir

Voici un énoncé neutre : Teddy a remporté la course de motocross.
Pour mettre en relief un énoncé, c'est-à-dire insister sur l'une des informations qu'il délivre, on peut avoir recours à :

■ **la voix passive**
Exemple : Teddy a remporté la course de motocross. → La course de motocross a été remportée par Teddy.

■ **la forme impersonnelle**
Exemple : Beaucoup de vélos se sont vendus cette semaine. → Il s'est vendu beaucoup de vélos cette semaine.

■ **la forme emphatique**
• le détachement d'un constituant :
Exemple : On trouve des girolles dans cette forêt. → Dans cette forêt, on trouve des girolles.
• le redoublement d'un constituant par un pronom :
Exemple : On mange des pâtes tous les jours. → Des pâtes, on en mange tous les jours.
• un présentatif (il y a, voici, voilà, c'est, ce sont, c'est… qui, c'est… que) :
Exemple : Julie a caché tes clefs. → C'est Julie qui a caché tes clefs.
• l'inversion du sujet :
Exemple : Des avions de chasse passent dans le ciel. → Dans le ciel passent des avions de chasse.

S'entraîner

1 Nommez les différents procédés de mise en relief et indiquez sur quelle information on insiste.

1. Je suis abasourdie par cette nouvelle. _____
2. Cette nouvelle, elle m'a abasourdie. _____
3. C'est moi qui ai raison. _____
4. Il est annoncé des embouteillages sur la route des vacances. _____
5. En hiver, on apprécie les vacances aux Caraïbes. _____
6. Lucie et Pierre sont en retard, comme d'habitude ! _____
7. Il court une rumeur étrange depuis deux jours. _____

2 Voici des phrases neutres. Récrivez-les pour mettre en relief l'élément en rose, à l'aide des procédés indiqués entre parenthèses.

Exemple : Ce soir, la baby-sitter garde les enfants. (tournure présentative) → Ce soir, c'est la baby-sitter qui garde les enfants.

1. Il est arrivé à l'heure hier. (détachement) → _____
2. Un incendie criminel a détruit le tribunal. (voix passive) → _____
3. J'ai récupéré mon sac à main au bureau des objets trouvés. (tournure présentative) → _____

S'entraîner au brevet

3 Bordeaux – Caen – Clermont-Ferrand – Limoges, juin 2002.
Lisez le texte suivant.

Ce qui me fascine sur cette photo, m'émeut aux larmes, c'est la main de mon père sur ma jambe. La manière si tendre dont elle entoure mon genou, légère mais prête à parer toute chute, et ma petite main à moi abandonnée sur son cou.

Anny DUPEREY, *Le Voile noir.*

1. Par quel détail de la photographie le regard d'Anny Duperey est-il arrêté ?
2. Relevez un procédé mettant en valeur ce détail.
3. Pourquoi Anny Duperey est-elle émue « aux larmes » ? Justifiez votre réponse à l'aide de citations.

24 Distinguer les valeurs du présent

Observer et retenir

■ **Le présent d'énonciation** évoque un fait qui se situe au moment où le locuteur parle. C'est le temps du discours.
Exemple : Que regardes-tu dans ce magazine ?

■ **Le présent de récit** donne au lecteur l'illusion que les événements racontés se déroulent au moment où il lit.
Exemple : C'est à ce moment précis que j'ouvre la porte et découvre le salon sens dessus dessous.

■ **Le présent de narration**, dans un récit au passé, actualise un fait, le met en valeur.
Exemple : Le détective entendit du bruit ; se retournant, il aperçoit son client, une arme à la main.

■ **Le présent itératif** exprime une habitude, la répétition d'un fait.
Exemple : Tous les matins, j'achète le journal.

■ **Le présent de vérité générale** exprime un fait constamment valable.
Exemple : Qui veut aller loin ménage sa monture.

■ **Le présent** a parfois **valeur de passé** ou **de futur proche**.
Exemple : Luc part à l'instant. Il revient dans cinq minutes.

■ **Le présent** s'utilise aussi pour donner un **ordre**.
Exemple : Vous quittez mon bureau tout de suite !

S'entraîner

1 Précisez la valeur du présent dans les phrases suivantes.

1. La rhubarbe est une plante qui préfère les régions humides du Nord. 2. La séance de 20 h commence à l'instant. 3. Comme chaque année, nous projetons d'aller camper dans les Landes. 4. Un « tiens » vaut mieux que deux « tu l'auras ». 5. Dans le dernier paquet cadeau, je découvris une guitare. Encore aujourd'hui, je conserve cet instrument qui m'est cher. 6. Tu ranges ta chambre tout de suite et tu vas te coucher. 7. Je te donne mon travail dès que je l'ai terminé. 8. Le dimanche, mon père part à la chasse. 9. Je lace mes chaussures, j'enfile mon anorak, je prends mon cartable, et là je m'aperçois qu'on est dimanche !

2 Expliquez l'emploi du présent dans les énoncés au passé.

1. Les grimaces commencèrent. [...] Il y avait dans ce spectacle je ne sais quel vertige particulier, je ne sais quelle puissance d'enivrement et de fascination dont il serait difficile de donner une idée au lecteur de nos jours et de nos salons.
Victor Hugo, Notre-Dame de Paris.

2. Et, tout en se retournant pour démontrer, il pousse sa compagne, lui fait perdre l'équilibre et la jette à terre, un pied pris dans la basque de son habit et les cotillons renversés sur sa tête. Jacques descend, dégage le pied de cette pauvre créature et lui rabaisse ses jupons. [...] Mais à juger de l'état de cette femme par ses cris, elle s'était grièvement blessée.
Diderot, Jacques le Fataliste.

S'entraîner au brevet

3 Série collège, groupement 3, septembre 2002.

1. Lisez l'extrait suivant.
Elle était déchaussée, elle était décoiffée,
Assise, les pieds nus, parmi les joncs penchants ;
Moi, qui passais par là, je crus voir une fée,
Et je lui dis : Veux-tu t'en venir dans les champs ?
Victor Hugo, Les Contemplations, I, 21.

2. Relevez les verbes conjugués dans les vers 3 et 4. Dites à quel temps ils sont employés et justifiez leurs emplois.

25 Comment employer les temps du passé ?

Observer et retenir

■ Le **passé composé** s'emploie surtout **à l'oral**, ou à l'écrit, **dans des énoncés ancrés dans la situation d'énonciation** (lettres, journaux...). Il situe l'action dans un passé plus ou moins proche. Il exprime :
- une action achevée : J'ai fait la vaisselle.
- une action antérieure par rapport au présent : Le lapin s'est sauvé, rattrapons-le !
- une action dont les effets se prolongent dans le présent : J'ai ouvert la fenêtre.

■ Le **passé simple** s'emploie souvent en alternance avec **l'imparfait**.

Passé simple :
- action ponctuelle, présentée comme achevée (le fait seul est pris en considération, pas sa durée)
- action de premier plan, qui fait progresser le récit

Imparfait :
- action dont la durée est indéterminée
- action qui se répète
- action de second plan, qui ne fait pas progresser l'action (descriptions...)

Exemples : Alors que **je me promenais** au bord de la mer, **j'aperçus** deux phoques.
On me **dit** qu'**il n'était** pas rare de voir ces animaux dans la baie.

■ Le **plus-que-parfait** et le **passé antérieur** s'utilisent pour rapporter :
- une action achevée : **Elle avait** déjà **visité** tous les pays d'Asie.
- une action antérieure : Quand **il eut englouti** la moitié du poulet, il se jeta sur la tarte aux fraises.

S'entraîner

1 Dans ces phrases, le passé composé exprime-t-il une action achevée, antérieure ou dont les effets se prolongent dans le présent ?

1. Rassure-toi, j'ai fermé la porte à clef. _____ **2.** Il est parti, tu arrives trop tard ! _____ **3.** Heureusement que j'ai pensé à commander des fleurs, vous n'avez plus qu'à aller les chercher. _____ **4.** J'ai ciré le parquet ; attention de ne pas glisser ! _____ **5.** L'opération s'est bien passée. _____ **6.** J'ai fait du feu dans la cheminée.

2 Précisez, sous chaque verbe à l'imparfait, s'il correspond à une description ou à une répétition dans le passé.

Je me souviens aussi de nos promenades du dimanche, en été, elle et moi, tout jeune garçon. On n'était pas riches et le tour de la Corniche ne coûtait que trois sous. Ce tour, que le tramway faisait en une heure, c'était, en été, nos villégiatures, nos mondanités, nos chasses à courre. [...] Arrivés à l'arrêt de La Plage, en face d'un casino rongé d'humidité, on prenait place solennellement [...], on demandait timidement une bouteille de bière.

Albert COHEN, *Le Livre de ma mère*.

3 Classez ainsi les verbes conjugués à un mode personnel :
1. ceux qui décrivent une action de premier plan, faisant progresser le récit ;
2. ceux qui décrivent une action de second plan, ne modifiant pas le cours des événements.

Je découvris dans l'un des angles de la pièce une échelle verticale qui menait à l'étage supérieur. Les larges barreaux de fer, dont le nombre ne devait pas dépasser la dizaine, étaient disposés à des intervalles irréguliers. Cette échelle, qui postulait l'usage de mains et de pieds, était compréhensible et j'en éprouvai un certain réconfort. J'éteignis la lumière et me tins un moment aux aguets dans l'obscurité. [...] Au bout d'un moment, je me décidai. Arrivé en haut, je tournai de nouveau d'une main craintive un commutateur. Le cauchemar qu'était l'étage inférieur s'amplifiait et se déchaînait.

Jorge Luis BORGES, *Le Livre de sable*, « There are more things ».

1. _____
2. _____

25 Comment employer les temps du passé ?

4 Dans chacune de ces phrases, l'imparfait correspond-il à une répétition, une description ou une action dont la durée est indéterminée ?

1. Nicolas, dont la voiture était neuve, nous proposa d'aller faire un tour. _____ 2. Je dormais profondément quand le téléphone sonna. _____ 3. Il ne remarqua d'elle que ses yeux, qui lançaient des éclairs couleur d'iris. _____ 4. Nous nous promenions tranquillement, quand l'orage éclata. _____ 5. Au loin, une plaine s'étendait, plus verte encore. _____ 6. Quand elle partait en vacances, Chantal me demandait d'arroser ses géraniums.

5 Conjuguez les verbes entre parenthèses en choisissant le passé simple ou l'imparfait.

En approchant de son usine, le père Sorel appela Julien de sa voix de stentor ; personne ne (répondre) _____ . Il ne vit que ses fils aînés, espèces de géants qui, armés de lourdes haches, (équarrir) _____ les troncs de sapin, qu'ils (aller) _____ porter à la scie. Tout occupés à suivre exactement la marque noire tracée sur la pièce de bois, chaque coup de leur hache en (séparer) _____ des copeaux énormes. Ils n'(entendre) _____ pas la voix de leur père. Celui-ci se (diriger) _____ vers le hangar ; en y entrant, il (chercher) _____ vainement Julien à la place qu'il aurait dû occuper, à côté de la scie. Il l'(apercevoir) _____ à cinq ou six pieds plus haut, à cheval sur l'une des pièces de la toiture. Au lieu de surveiller attentivement l'action de tout le mécanisme, Julien (lire) _____ .

STENDHAL, *Le Rouge et le Noir*.

6 1. En vous aidant des temps, délimitez le passage descriptif. Quelle atmosphère, quels sentiments Théramène s'efforce-t-il de suggérer ?
2. Expliquez l'emploi du passé composé ; pourquoi a-t-il été choisi plutôt que le passé simple ?

Théramène raconte les circonstances de la mort d'Hippolyte, chassé et condamné par son père.
Théramène
Il suivait tout pensif le chemin de Mycènes ;
Sa main sur ses chevaux laissait flotter les rênes.
Ses superbes coursiers, qu'on voyait autrefois
Pleins d'une ardeur si noble à obéir à sa voix,
L'œil morne maintenant et la tête baissée,
Semblaient se conformer à sa triste pensée.
Un effroyable cri, sorti du fond des flots,
Des airs en ce moment a troublé le repos ;
Et du sein de la terre une voix formidable
Répond en gémissant à ce cri redoutable.

RACINE, *Phèdre*, IV, 6.

7 1. Lisez l'extrait suivant.

Et puis ils trouvèrent une bâche dans la tranchée ennemie, de bonne toile solide, et ils couvrirent les morts et ils déplièrent le manche de leurs pelles et, tous ensemble, ils comblèrent le trou, en s'activant car la canonnade, au levant comme au couchant, avait repris, elle était comme un long roulement de tambours qui les rappelait à la guerre.

Sébastien JAPRISOT, *Un long dimanche de fiançailles*, Éditions Denoël, 1991.

2. Relevez les verbes : pour chacun d'eux identifiez le temps auquel il est conjugué, puis précisez la valeur du temps.

S'entraîner au brevet

8 Afrique – Asie du Sud-Est, série collège, juin 2003.
1. Lisez l'extrait suivant.
Car, lorsque Colomer s'était écroulé face contre terre, j'avais nettement vu le dos de son pardessus déchiré par la mitraille... et juste en face, dans l'encoignure du kiosque à journaux, une étrange fille en trench-coat.

Léo MALET, *120, rue de la Gare*, Fleuve Noir, 1943.

2. Quel est le temps des verbes ? Quelle est la valeur de ce temps ? Qu'indique-t-il dans l'ordre du récit ?

26 Repérer la situation d'énonciation et la modifier

Observer et retenir

■ On distingue les énoncés **coupés** de la situation d'énonciation (on n'a pas besoin de connaître la situation d'énonciation pour comprendre ces énoncés : Paul habite à Londres) des énoncés **ancrés** dans la situation d'énonciation (ils n'ont de sens que si l'on connaît la situation d'énonciation : J'habite près d'**ici**).

■ Quand un énoncé est **ancré** dans la situation d'énonciation, les mots qui renvoient à cette situation d'énonciation prennent un **sens différent selon le locuteur** (celui qui produit le message), **le destinataire** (celui à qui est adressé le message), **le lieu** et **le moment de l'énonciation**.
Exemple : Je suis ravi ! Je suis ravie ! → les locuteurs sont différents.

S'entraîner

1 Les mots en rose renvoient-ils à la situation d'énonciation ? Précisez grâce à votre réponse si ces énoncés sont ancrés dans la situation d'énonciation ou s'ils en sont coupés.

1. J'arriverai à cinq heures. _____ 2. Pierre a promis qu'il serait là **demain matin**. _____ 3. J'ai une peur bleue de **ces** animaux ! _____ 4. On trouve des élans en Scandinavie ; **ces** animaux sont élevés pour leur viande. _____ 5. Choisis plutôt **celui-là** ! _____ 6. Si vous ne voulez pas rater le train, vous avez intérêt à partir **maintenant** ! _____ 7. Le détective se faufilait dans les ruelles sombres de la ville ; **à cet endroit-là**, les lampadaires avaient tous été cassés. _____

2 Ces énoncés sont-ils ancrés dans la situation d'énonciation ? Si oui, soulignez les mots qui renvoient à la situation d'énonciation (on les appelle « indices de la situation d'énonciation »).

1. Lorsque je partis de Smyrne, je chargeai mon ami Ibben de te faire tenir une boîte où il y avait quelques présents pour toi ; tu recevras cette lettre par la même voie.

Montesquieu, *Lettres persanes*, XXVII.

2. C'est le destin des héros de se ruer à conquérir des pays qu'ils perdent soudain, ou à soumettre des nations qu'ils sont obligés eux-mêmes de détruire.

Montesquieu, *Lettres persanes*, CXXI.

3. Pendant deux jours, la mémé avait mesuré des aiguillées de fil, coupé la toile bleue d'un ancien pantalon de Victor et cousu minutieusement, ne levant les yeux de son ouvrage que pour regarder le chemin pierreux qui va du ruisseau de Saint-Jean à la route du Puy. Le résultat : un pantalon trop long dont Olivier remontait le bas mais dans lequel il se sentait à l'aise.

Robert Sabatier, *Les Noisettes sauvages*.

4. – Jean veut se marier, monsieur Pascal. Il l'a dit à sa mère. Rien de plus juste naturellement ; mais il faut choisir…
– Et il a sûrement choisi, n'est-ce pas, Marthe ?
Marthe n'a pas répondu à ma question. De la tête, elle m'a montré son mari, qui attendait. Je me suis retourné vers le vieil Alibert.
Le vieil Alibert a repris :
– Vous connaissez Jean. C'est un garçon de confiance. Il a dit la chose à sa mère et l'a chargée de m'en parler, hier soir, après la soupe.

Henri Bosco, *Le Mas Théotime*.

3 1. Nous sommes en l'an 2004 et vous indiquez la date d'achat de votre maison ; complétez ces phrases en remplaçant l'année par une des expressions temporelles suivantes : **bientôt, cette année, dans longtemps, il y a quelque temps**.
Exemple : J'ai acheté une maison en l'an 2004. → cette année

a. J'ai acheté une maison en 2003. → _____
b. J'achèterai une maison en 2006. → _____
c. J'achèterai une maison en 2030. → _____

2. Même consigne, mais cette fois, nous sommes en 2009. Utilisez cette fois les expressions : **cette année, il y a quelque temps déjà, il y a longtemps, il y a quelque temps**.

a. J'ai acheté une maison en l'an 2003. → _____

26 Repérer la situation d'énonciation et la modifier

b. J'ai acheté une maison en l'an 2005. ➔ _____
c. J'ai acheté une maison en 2007. ➔ _____
d. J'ai acheté une maison en 2009. ➔ _____

4 Ces énoncés sont tous ancrés dans la situation d'énonciation : qui sont le locuteur et le destinataire ?

1. Quelles sont vos impressions après ce tour du monde en solitaire ? _____
2. Je ramasse les copies dans une demi-heure. _____
3. Je sollicite de votre bienveillance l'autorisation de m'absenter mardi prochain. _____
4. Avez-vous remarqué à quels moments vous avez des vertiges ? _____
5. Va te coucher, je te lirai une histoire tout à l'heure. _____
6. Je vous conseille le sauté de bœuf, accompagné de sa salade aux fleurs de capucine. _____

5 Récrivez chacun des énoncés suivants en fonction du nouvel élément de la situation d'énonciation qui vous est indiqué.

1. Je dois vous avouer que je suis ruinée. (Locuteurs : Pauline et Philippe) ➔ _____
2. Rejoins-moi. (Destinataires : un groupe de filles) ➔ _____
3. Ne partez pas ! (Destinataire : une personne, familière du locuteur) ➔ _____
4. Je suis venu, j'ai vu, j'ai vaincu. (Locuteur : Cléopâtre) ➔ _____
5. New York est une ville fascinante ; je suis heureuse de vivre là-bas. (Lieu de l'énonciation : New York) ➔ _____
6. Nous devons partir à minuit. (Moment de l'énonciation : minuit) ➔ _____
7. Cette année, je passe mes vacances en Grèce. (Moment de l'énonciation : deux ans plus tard) ➔ _____
8. Je crois vous avoir déjà vu quelque part… (Destinataire : une femme) ➔ _____
9. Vous savez, je ne suis pas dupe : j'ai tout de suite remarqué votre manège. (Destinataire : la secrétaire du locuteur) ➔ _____
10. Je me suis coupé les cheveux moi-même ! (Locuteur : Béatrice) ➔ _____

6 Transformez cet énoncé coupé de la situation d'énonciation en énoncé ancré dans la situation d'énonciation : le 1er juillet, Paul Draule écrit une lettre à un ami, de son lieu de vacances.

Le 30 juin 2004, Paul Draule prit l'avion pour aller passer ses vacances sur l'île de la Réunion. Le soleil, les plages, la mer bleu lagon, il y pensait depuis des mois. Pourtant, le matin du départ, il avait craint de ne pas voir son rêve se réaliser : il ne trouvait plus son billet. Mais il l'avait retrouvé au fond de sa valise. Le 1er juillet, il était allongé dans un hamac au bord de l'eau… heureux !

S'entraîner au brevet

7 Série collège, groupement 4, juin 2003.

1. Lisez l'extrait suivant.
Tout à coup un insidieux frisson me traversa, semblable à celui ressenti dehors et qui m'avait chassé jusqu'ici. « On » se trouvait à nouveau là, tout proche ! Les murs avaient beau me protéger de trois côtés, éclairé par le foyer craquant, j'étais visible et vulnérable. On pouvait m'atteindre de face, en tirant de loin, à plomb. Je me dressai, les muscles prêts à une nouvelle fuite.
Claude Seignolle, *L'Auberge du Larzac*, Phébus Libretto, 1967.

2. Récrivez ce texte en imaginant que le narrateur est accompagné d'un ami et en opérant les transformations nécessaires.

27 Les types de phrase

Observer et retenir

Selon la nature des messages que l'on veut communiquer, on utilise des types de phrase différents :

Les types de phrase/Ponctuation	La nature du message direct	Exemples
Les phrases déclaratives (.)	Donner une information	Mes parents m'ont offert un ordinateur.
Les phrases impératives (! ou .)	Donner un ordre, un conseil, interdire	N'appuie jamais sur cette touche !
Les phrases exclamatives (!)	Exprimer un sentiment, une émotion	Quel vieil engin !
Les phrases interrogatives (?) – **partielles** : l'interrogation ne porte que sur une partie de la phrase. – **totales** : l'interrogation porte sur toute la phrase. La réponse attendue est OUI ou NON.	Poser une question	Où as-tu caché la souris ? Sais-tu te servir du tableur ?

Attention ▶ Un même type de phrase peut délivrer des messages de nature différente :
Peux-tu dire où tu étais hier soir ? Cette phrase est de type interrogatif, or le **message est** plutôt **impératif**.
Je ne sais plus si tu aimes la morue. Cette phrase est de type déclaratif, or **le message est interrogatif**.
On parle alors de message **indirect**.

S'entraîner

1 Identifiez les types de phrase et précisez la nature du message.

1. Je vous conseille de vous taire. _____

2. Quel beau gâchis ! _____

3. Tu ne vas tout de même pas sortir maintenant ? _____

2 Transformez les phrases déclaratives suivantes.

1. en phrases exclamatives **2.** en phrases interrogatives (vous préciserez si l'interrogation est partielle ou totale).
Exemple : Ce roman ne m'a pas intéressé. → **1.** Quel roman sans intérêt ! **2.** Comment as-tu trouvé ce roman ? (inter. partielle)

a. Ce gâteau au chocolat est excellent pour le moral. → **1.** _____
2. _____

b. Cette réaction m'a surprise. → **1.** _____
2. _____

c. Le chien de mes voisins est une sale bête. → **1.** _____
2. _____

S'entraîner au brevet

3 Amérique du Nord, série collège, juin 2001.

Lisez l'extrait suivant.
Mais, tandis que l'homme perfectionne ses techniques, une dangereuse partie de bras de fer s'est engagée entre la science et la vie. N'est-ce pas pourtant cette science qui nous a révélé le visage de la Terre, vu de l'espace ? N'est-ce pas à l'extrême pointe des technologies de pointe que les cosmonautes ont pu découvrir l'émotion et la poésie ?

J.-M. Pelt, *Le Tour du monde d'un écologiste*, © Fayard, 1990.

1. Identifiez le type et la forme des deux dernières phrases.
2. Que peut-on déduire sur l'intention de l'auteur ?

4 Allemagne, série collège, juin 2003.

1. Lisez les phrases suivantes.
Surtout ne pas bouger, ne pas se faire remarquer ! À peine respirer !

Marie Billet, *Cruelle douceur*, 2002.

2. Quel type de phrase est utilisé à trois reprises ?

28 Rapporter des paroles dans un récit

Observer et retenir

■ **Le discours direct** reproduit les paroles telles qu'elles ont été prononcées. Les paroles sont **ancrées** dans la situation d'énonciation : on retrouve les caractéristiques du système du **discours**. On repère ce discours par la présence d'un **verbe de parole** (placé avant, après ou dans les paroles), de **tirets** indiquant le changement d'interlocuteur, de **guillemets** qui encadrent les propos.

Exemple : Marie lui demanda : « À quelle heure comptes-tu rentrer ? »

■ **Le discours indirect** rapporte les paroles en les **modifiant** afin de les intégrer grammaticalement dans le système du **récit**. Les paroles sont, dans ce cas, **coupées** de la situation d'énonciation. Elles sont introduites par un **verbe de parole** qui se trouve alors dans la proposition principale.

Exemple : Marie lui demanda à quelle heure il comptait rentrer.

■ **Le discours indirect libre** rapporte les paroles en les **modifiant** et en les intégrant dans le récit **sans être subordonnées à un verbe de parole**. Des **marques d'oralité** (types de phrases exclamatives et interrogatives, expressions familières) subsistent.

Exemple : Il n'avait pas grand-chose à lui répondre : il s'en moquait pas mal d'être en retard !

■ **Le discours narrativisé résume les propos** sans vraiment rapporter les paroles ; il est beaucoup moins précis.

Exemple : Marie l'interrogea sur son retour.

Tableau des principales transformations à la 3e personne

	Discours direct	Discours indirect	Discours indirect libre
Nature des propositions	propositions indépendantes	une proposition principale et une proposition subordonnée complétive	propositions indépendantes
Pronoms personnels	je, tu nous, vous...	il, elle ils, elles...	il, elle ils, elles...
Adjectifs et pronoms possessifs	ma, tes, nôtre, vos, la mienne...	sa, ses, le leur, les leurs, la sienne...	sa, ses, le leur, les leurs, la sienne...
Repères spatiaux et temporels	ici, maintenant, hier, demain...	à cet endroit, alors, la veille, le lendemain...	à cet endroit, alors, la veille, le lendemain...
Les temps verbaux (si le récit est au passé)	présent, imparfait, futur simple, passé composé, futur antérieur.	imparfait, plus-que-parfait, conditionnel présent, plus-que-parfait, conditionnel passé.	imparfait, plus-que-parfait, conditionnel présent, plus-que-parfait, conditionnel passé.

S'entraîner

❶ Dans ce texte, soulignez en rouge les passages de récit, en vert les paroles des personnages, puis entourez les signes de ponctuation caractéristiques du discours direct.

Quand ils retrouvèrent la force de parler :
« Léon, dit la jeune femme (j'ai oublié de dire qu'elle était jeune et jolie), Léon, quel bonheur ! Jamais je ne vous aurais reconnu sous ces lunettes bleues.
– Quel bonheur ! dit Léon. Jamais je ne vous aurais reconnue sous ce voile noir.
– Quel bonheur ! reprit-elle. Prenons vite nos places ; si le chemin de fer allait partir sans nous !... (Et elle lui serra le bras fortement.) On ne se doute de rien. »

MÉRIMÉE, *La Chambre bleue*.

28 Rapporter des paroles dans un récit

2 Remplacez le verbe dire par un verbe de parole plus expressif.

1. Il dit fièrement _____ : « J'ai le plus beau scooter du quartier ! » 2. L'inspecteur de police lui dit _____ : « Où étiez-vous hier soir entre vingt heures et vingt-deux heures ? » 3. Le mari de la victime dit _____ qu'il était au restaurant avec des collègues de travail. 4. On entendait les habitants prisonniers des flammes dire _____ au secours. 5. Le président dit _____ officiellement que la moitié du personnel ne pourrait être gardée. 6. Joseph débarrassa tout de même la table, en disant dans sa barbe _____ : « C'est toujours moi qui travaille ! » 7. Roméo lui dit _____ à l'oreille : « Je t'aime. » 8. Contre toute attente, le prévenu, se levant de son banc, dit _____ au témoin : « C'est vous le coupable ! »

3 Récrivez les phrases suivantes en conjuguant le verbe de parole au passé simple et en prenant garde à la concordance des temps.

Exemple : Le majordome annonce à ses maîtres que leurs invités, M. et Mme de Rolinca, viennent d'arriver et qu'ils attendent dans le hall d'entrée. → Le maître d'hôtel annonça à ses maîtres que leurs invités, M. et Mme de Rolinca, venaient d'arriver et qu'ils attendaient dans le hall d'entrée.

1. Monsieur le comte répond qu'étant donné qu'ils sont en retard, ils attendront cinq minutes.
→ _____

2. Le majordome marmonne en se retirant que c'est bien fait pour eux.
→ _____

3. Néanmoins, la comtesse fait remarquer à son époux qu'ils ont peut-être eu un problème sur la route et qu'ils n'ont pas pu prévenir.
→ _____

4. C'est alors que M. de Rolinca, furieux, entre dans le salon et hurle qu'il se vengera de cet affront et que ses hôtes incorrects auront regretté leur geste avant la fin de l'année. → _____

5. Puis il ajoute que sa femme et lui-même s'en vont sur le champ et que, de toute façon, il ne les a jamais considérés comme de véritables amis. → _____

6. Le comte rétorque qu'en ce qui le concerne, il n'a jamais eu d'amis. → _____

4 Transposez les phrases suivantes au discours direct.

Exemple : Il répète à qui veut l'entendre qu'il est un homme heureux. → Il répète à qui veut l'entendre : « Je suis un homme heureux ! »
1. Mon frère m'assura que Jacques n'était pas passé pendant mon absence. → _____

2. L'apprenti-couvreur demande à son patron s'il sera assuré pour monter sur les toits des maisons. → _____

3. Le moniteur de conduite confirma à ses élèves qu'ils pourraient passer leur permis de conduire dès la session suivante. → _____

4. Chaque année, le pépiniériste conseille à la même cliente de ne pas oublier d'arroser ses plantations si elle veut avoir les plus belles fleurs du village. → _____

5. En me montrant le bureau, mon collègue m'affirma qu'il avait vu, la veille, le dossier de presse à cet endroit. → _____

6. Le facteur me répondit qu'il n'avait pas de courrier pour moi ce jour-là. → _____

5 Reliez la phrase au discours direct à sa transposition au discours indirect. (Plusieurs solutions possibles.)

1. Ludo demanda :
« Viendrez-vous demain ? »

a. Il lui demanda s'il viendrait le lendemain.
b. Il leur demanda de venir demain.
c. Il leur demanda s'ils viendraient le lendemain.

28 Rapporter des paroles dans un récit

2. Florence affirma : « Je ne sais pas ce qu'a fait mon frère avant-hier. »
- **a.** Florence affirma qu'elle ne savait pas ce qu'avait fait son frère la veille.
- **b.** Florence affirma qu'elle ne savait pas ce qu'avait fait son frère l'avant-veille.
- **c.** Florence affirma qu'elle ignorait ce que mon frère avait fait l'avant-veille.

3. Clément me supplia : « Ne raconte pas ce que tu as vu à ma mère ! »
- **a.** Clément me supplia de ne rien dire à sa mère.
- **b.** Clément me supplia de ne pas raconter ce que j'avais vu à sa mère.
- **c.** Clément me supplia pour que je ne raconte pas ce que j'avais vu à sa mère.

6 Transposez les phrases suivantes au discours indirect.

Exemple : Caroline me promet : « Je ne rentrerai pas trop tard. » → Caroline me promet qu'elle ne rentrera pas trop tard.

1. Il lui répète : « Ne mange pas toutes les truffes au chocolat ! Gardes-en pour ta sœur. » → _____

2. Le démarcheur lui redemanda : « Vous ne désirez vraiment pas acheter un de ces aspirateurs ? » Et il lui proposa : « Réfléchissez jusqu'à demain. » → _____

3. Le message que Roland nous a laissé sur le répondeur disait : « Ne vous inquiétez pas ; je ne peux pas passer vous voir aujourd'hui, mais je vous rappellerai demain soir. » → _____

4. Quand il est passé, l'électricien m'a demandé : « Les précédents locataires ont-ils fait eux-mêmes ces installations de prises ? » « Je n'en sais rien », lui ai-je répondu. → _____

5. « Je suis sûre d'avoir rangé mes chaussures dans ce placard, à côté des tiennes », affirmait-elle à son mari. → _____

7 1. Lisez l'extrait suivant.

Quand le brancard arriva enfin et qu'on parla de partir pour l'hôpital, elle se releva, en disant violemment :
– Non, non, pas l'hôpital ! ... Nous demeurons rue Neuve de la Goutte-D'Or.
On eut beau lui expliquer que la maladie lui coûterait très cher, si elle prenait son mari chez elle. Elle répétait avec entêtement :
– Rue Neuve de la Goutte d'Or, je montrerai la porte... Qu'est-ce que ça vous fait ? J'ai de l'argent... C'est mon mari, n'est-ce pas ? Il est à moi, je le veux...

2. Soulignez le passage au discours indirect. Transposez-le au discours direct.

→ _____
→ _____

S'entraîner au brevet

8 Groupement 2, septembre 2002.

Lisez l'extrait suivant.

Si, un soir, je lui proposais d'aller au cinéma, elle disait aussitôt que oui, c'était une merveilleuse idée « et parfaitement, que diable, il faut se divertir et jouissons de la vie tandis que nous sommes en vie et vraiment il est fou d'être sages et pourquoi resterions-nous calfeutrés à la maison, comme des vieux, et je suis prête, mon chéri, je n'ai que mon chapeau à mettre ».

Albert COHEN, *Le Livre de ma mère*, 1954.

1. Quels sont les deux procédés grammaticaux utilisés pour rapporter les paroles des deux personnages ?
Moi je resterai près de ton lit jusqu'à ce que tu t'endormes et si tu veux je te raconterai l'histoire des fiançailles de Diamantine.

2. Réécrivez ce passage au discours indirect en utilisant « elle me disait » comme formule introductrice. Vous effectuerez toutes les transformations nécessaires.

29 Les différentes formes de discours

Observer et retenir

■ **Le discours narratif raconte des événements réels ou imaginaires** qui sont liés par une relation logique et chronologique. Les temps de base sont le présent, le passé composé (employé surtout par les auteurs contemporains) et le passé simple. On relève beaucoup de verbes d'action, de compléments circonstanciels de temps et de lieu.

■ **Le discours descriptif « montre »** : il aide le lecteur à **se représenter** un personnage, un lieu, etc. Dans un récit au présent, les descriptions sont au présent ; dans un récit au passé, elles sont à l'imparfait et au plus-que-parfait. On relève de nombreux verbes d'état, de perception et de mouvement, des expansions du nom, des compléments circonstanciels de lieu, des figures de style (comparaisons, métaphores, périphrases, etc.).

■ **Le discours argumentatif** a pour but de **convaincre**. Le locuteur, pour défendre son opinion, s'implique souvent et n'hésite pas à interpeller son ou ses interlocuteurs : recours parfois à la 1re et/ou à la 2e personne, emploi de modalisateurs (verbes, adverbes d'opinion, vocabulaire péjoratif/mélioratif). De nombreux **connecteurs logiques organisent l'énoncé** en reliant les éléments de la démonstration entre eux. On distingue la thèse (l'idée défendue), les arguments, les exemples. Le présent est souvent employé.

■ **Le discours explicatif** est caractérisé, contrairement au texte argumentatif, par la **neutralité de l'énonciation** : le locuteur ne s'implique pas. Il **fait connaître et comprendre**. On relève de nombreux déterminants à valeur généralisante, des connecteurs logiques et temporels, de nombreux compléments circonstanciels de cause et de conséquence. Le présent de vérité générale est le plus employé, ou les temps du passé, dans les livres d'histoire par exemple.

S'entraîner

1 Indiquez toutes les particularités du discours descriptif que vous retrouvez dans ce texte.

La porte de l'office est fermée. Entre elle et l'ouverture béante du couloir, il y a le mille-pattes. Il est gigantesque : un des plus gros qui puissent se rencontrer sous ces climats. Ses antennes allongées, ses pattes immenses étalées autour du corps, il couvre presque la surface d'une assiette ordinaire.

Alain ROBBE-GRILLET, *La Jalousie*.

2 Même consigne, en vous attachant cette fois au discours explicatif.

Restes des projectiles mythiques que les Dieux et les Géants se lancèrent, les îles des Cyclades sont disposées en cercle (cyclos) autour de l'île de Délos où Apollon avait vu le jour. Les Cyclades sont, en effet, riches d'histoire et d'une histoire très ancienne puisque s'y développa au IIIe millénaire la civilisation la plus florissante de toute la Grèce, grâce aux ressources locales en cuivre, en marbre et en obsidienne.

Guide bleu, « Grèce ».

3 Quelle forme de discours reconnaissez-vous ? Indiquez les indices qui vous ont permis de répondre.

1. Au milieu de la cour scintillait sous le soleil une pièce d'eau bordée d'une marge en granit de Syène, et sur laquelle s'étalaient les larges feuilles taillées en cœur des lotus, dont les fleurs roses ou bleues se fermaient à demi, comme pâmées de chaleur, malgré l'eau où elles baignaient.

Théophile GAUTIER, *Le Roman de la momie*.

2. Quelle pitié, quelle pauvreté, d'avoir dit que les bêtes sont des machines privées de connaissance et de sentiment, qui font toujours leurs opérations de la même manière, qui n'apprennent rien, ne perfectionnent rien, etc. ! Quoi ! cet oiseau qui fait son nid en demi-cercle quand il l'attache à un mur, qui le bâtit en quart de cercle quand il est dans un angle et en cercle sur un arbre ; cet oiseau fait tout de la même façon ? Ce chien de chasse que tu as discipliné pendant trois mois n'en sait-il pas plus au bout de ce temps qu'il n'en savait avant tes leçons ?

VOLTAIRE, *Dictionnaire philosophique*.

29 Les différentes formes de discours

3. Au même moment, les « cuisiniers » arrivèrent en courant, avec un gros quartier de viande. Ils se butèrent dans Piggy qui, brûlé par la viande fumante, se mit à danser sur place en poussant des cris. Un fou rire général unit Ralph aux autres garçons et détendit l'atmosphère.

William GOLDING, *Sa Majesté des Mouches*.

4 Soulignez en rouge les passages narratifs, en bleu les passages descriptifs.

1. Je me tus. Nous passions devant le jardin de la veuve. Zorba s'arrêta un instant, soupira mais ne dit rien. Il avait dû pleuvoir quelque part. Une odeur de terre, pleine de fraîcheur, parfumait l'air.

Nikos KAZANTZAKI, *Alexis Zorba*.

2. Deux hommes parurent.
L'un venait de la Bastille, l'autre du Jardin des Plantes. Le plus grand, vêtu de toile, marchait le chapeau en arrière, le gilet déboutonné et sa cravate à la main. Le plus petit, dont le corps disparaissait dans une redingote marron, baissait la tête sous une casquette à visière pointue. Quand ils furent arrivés au milieu du boulevard, ils s'assirent à la même minute, sur le même banc.

Gustave FLAUBERT, *Bouvard et Pécuchet*.

5 Indiquez à quelle forme de discours appartiennent ces extraits, dont le thème est identique.

1. Bien que leur goût du jardinage se déclare tardivement, passé 35 ans, 69 % des Français piochent, binent, plantent dès qu'ils ont un lopin de terre, une terrasse ou un modeste rebord de fenêtre. La raison ? C'est parce que, avant tout, ils y prennent du plaisir.

Annie KOUCHNER, *L'Express*.

2. Par les jours de printemps précoce, aux heures du jour où la terre, dégelée, fume sous le soleil et embaume, certains massifs, certaines plates-bandes ameublies, qui attendent les semis et les repiquages, semblent jonchés de couleuvres.

COLETTE, *La Maison de Claudine*.

6 Lisez les extraits suivants : identifiez à quelle forme de discours appartient chaque extrait, puis précisez les indices qui vous ont permis de les identifier.

1. La maison de béton d'origine, celle dans laquelle j'habite, ne parvient plus à émerger de cette géométrie désordonnée. Les baraquements s'agglutinent, s'agrippent les uns aux autres, tout autour d'elle.

2. À 6 heures, le Chaâba est déjà noyé dans l'obscurité. Dans les baraques, les gens ont allumé les lampes à pétrole. Une nouvelle nuit commence. Mon frère Moustaf est allongé sur le lit des parents, absorbé par un *Blek le Roc*. Aïcha, Zohra et Fatia vaquent à la cuisine avec ma mère.

Azouz BEGAG, *Le Gone du Chaâba*, Le Seuil, 1986.

S'entraîner au brevet

7 Série collège, groupement 1, septembre 2002.

Lisez l'extrait suivant.

Au bout, à l'extrême bout de la rangée de baraques, comme si, honteux, il s'était exilé lui-même de toutes ces splendeurs, je vis un pauvre saltimbanque, voûté, caduc, décrépit, une ruine d'homme, adossé contre un des poteaux de sa cahute ; une cahute plus misérable que celle du sauvage le plus abruti, et dont deux bouts de chandelles, coulants et fumants, éclairaient trop bien encore la détresse.

Charles BAUDELAIRE, « Le Vieux Saltimbanque », *Le Spleen de Paris*.

1. Relevez les adjectifs péjoratifs qui caractérisent le saltimbanque.
2. En vous aidant du contexte, donnez un synonyme du mot « cahute ».
3. « Au bout, à l'extrême bout de la rangée » :
a. Quelle information cette répétition donne-t-elle sur la situation de l'homme ?
b. Quel participe passé renforce cette idée ?
4. Quel sentiment Baudelaire veut-il inspirer au lecteur en faisant le portrait de ce personnage ?

51

30 Les reprises nominales et pronominales

Observer et retenir

Les reprises nominales et pronominales, que l'on appelle aussi « substituts », permettent d'**éviter la répétition** d'un mot, d'une expression ou d'un énoncé entier, tout en apportant parfois des informations complémentaires.

Elles peuvent être :

■ des **pronoms personnels** (il, le), des **pronoms adverbiaux** (en, y), des **pronoms démonstratifs** (cela, ceux-ci), des **pronoms possessifs** (le sien, la nôtre), certains **pronoms indéfinis** (aucun, quelques-uns).
Exemple : Laurent a cassé sa calculatrice : **celle-ci** est tombée par terre. Je lui ai donné **la mienne**.

■ des **synonymes** (voir chapitre 2). **Exemple :** autorisation/permission

■ des **mots génériques** : ce sont des mots de sens général qui englobent d'autres mots plus précis.
Exemple : Les chaises, les fauteuils et les tabourets, tous les **sièges** étaient abîmés.

■ des **périphrases** : ce sont des expressions (des sortes de définitions) qui permettent de désigner quelque chose sans le nommer.
Exemple : J'irai en Corse au printemps : il paraît que **l'île de Beauté** est alors très fleurie.

S'entraîner

1 Dans chaque phrase, soulignez le terme, l'expression ou l'énoncé auquel renvoient les reprises en rose.

1. Je ne peux manger ni fraises, ni poires : elles me donnent des boutons. **2.** Les enfants ont apprécié la sortie au bois de Belange : certains y retourneront avec leur famille. **3.** La semaine prochaine, le président de la République sera en déplacement officiel en Allemagne. La presse allemande attend impatiemment le chef d'État. **4.** Tu ne veux pas dire où tu es allé ? Je le saurai quand même !

2 Soulignez les reprises des éléments en rose et indiquez de quel type de substitut il s'agit.

1. Les conducteurs, les hôtesses, les secrétaires, les agents de maintenance étaient là : le directeur fut applaudi par les employés. _____

2. Sur les quelques jours que nous avons passés en Baie de Somme, la plupart furent ensoleillés. _____

3. Venez acheter des chiens : les meilleurs amis des hommes vous attendent. _____

4. Mon année scolaire n'a pas été plaisante : j'espère que la tienne aura été meilleure. _____

5. Tu es en colère, je le sens bien. _____

3 Pour éviter la répétition des éléments en rose, proposez un substitut du type indiqué entre parenthèses.

1. Ma grand-mère, mes sœurs, mes parents, mon oncle et mes tantes avaient fait le déplacement. Quelle surprise de voir _____ parmi les spectateurs. (nom générique) **2.** Pour l'inauguration du stade, tous les champions étaient présents mais _____ n'avaient guère le sourire. (pronom indéfini) **3.** Les supporters s'étaient peint les cheveux en bleu, blanc et rouge : les tribunes affichaient _____ (périphrase) **4.** Les chauffeurs sont encore en grève : les voyageurs leur _____ veulent. (pronom adverbial)

S'entraîner au brevet

4 Lisez l'extrait suivant.

Quand j'étais enfant, j'avais toujours un ou deux lézards dans mon pupitre. Je les nourrissais avec des mouches, dont ils sont très friands, et, comme j'avais pour attraper ces insectes, des moyens supérieurs aux leurs, mes lézards me rendaient en amitié ce que je leur donnais en nourriture.
L'apparition du charmant petit visiteur me fit donc le plus grand plaisir.

Alexandre Dumas, *Histoire d'un lézard*.

1. À quel élément du texte renvoie chacune des reprises soulignées ?
2. a. Relevez l'ensemble des reprises qui évitent la répétition du mot « lézard ».
b. Indiquez de quels types de reprise il s'agit.
c. Quel mot générique le narrateur aurait-il pu également employer ?

52

31 L'expression de la subjectivité

Observer et retenir

Dans un énoncé, le locuteur dispose de nombreux moyens pour traduire ses sentiments ou son opinion :
Nous aurons une prime de cent cinquante euros. → le locuteur présente les faits de façon neutre.
Nous aurions une prime de cent cinquante euros seulement. → le locuteur n'est pas sûr de ce qu'il avance (aurions) et laisse entendre que ce n'est pas beaucoup (seulement).

■ Les modalisateurs
La **modalisation** est l'**attitude** qu'adopte le locuteur par rapport au contenu de son énoncé. Il peut le présenter comme incertain, vrai ou faux et y adhérer un peu, beaucoup, ne pas s'impliquer ou même le rejeter. Les modalisateurs peuvent être :
- des expressions : sans aucun doute, on ne peut nier, de toute évidence...
- des adverbes : peut-être, apparemment, absolument...
- des verbes : prétendre, sembler, admettre, douter...
- des temps et des modes : le conditionnel présente les faits comme possibles, incertains...
- des phrases interrogatives ou injonctives.

■ Le vocabulaire apportant une nuance d'évaluation péjorative ou méliorative
- un bourrin/un cheval (évaluation neutre)/un destrier
- richard/riche (évaluation neutre)/richissime

■ Les procédés stylistiques
- laid comme un crapaud : comparaison
- l'homme de ma vie : périphrase
- etc. (voir le chapitre 4)

■ Les connotations des mots
Ce sont les différents sens subjectifs que peuvent prendre les mots dans un contexte particulier. Pour les étudier, il faut donc être très attentif au contexte d'emploi du mot : le mot chien peut évoquer la fidélité, la bonté, mais aussi la lâcheté, la bassesse (Il l'a traité comme un chien).

S'entraîner

❶ Soulignez dans ce texte publicitaire tous les termes mélioratifs, qui visent à donner une image très favorable des pâtes Rana.

En Italie, les pâtes fraîches étaient traditionnellement faites à la maison : des œufs frais, de la farine de blé tendre, et des mains expertes pour pétrir délicatement la pâte. Puis arriva Giovanni Rana qui conquit le cœur et le palais de toutes les bonnes ménagères italiennes avec ses tagliatelles admirables.

❷ Retrouvez le terme péjoratif correspondant à la définition proposée.

1. Qui n'est pas travailleur : _____ **2.** Qui a le visage rouge : _____ **3.** Qui n'est pas tout à fait jaune : _____ **4.** Qui n'est plus à la mode : _____ **5.** Des couleurs trop vives : _____ **6.** Se disputer comme des enfants : _____ **7.** Faire des histoires pas grand-chose : _____

❸ Dans les phrases suivantes, remplacez les mots relevant d'un vocabulaire d'évaluation péjorative par d'autres mots, apportant une nuance méliorative.

1. Michèle n'aime que les couleurs criardes. _____ **2.** Voici la cabane qu'ils se sont achetée. _____ **3.** As-tu vu ses godasses ? _____ **4.** Pour rien au monde, je n'oserais conduire ton tacot ! _____ **5.** Dans ce restaurant, on ne sert que de la vinasse. _____ **6.** En répondant à une petite annonce, Josette a rencontré un drôle de bonhomme. _____ **7.** Des relents nous parviennent de la cuisine. _____

❹ Dans ces phrases, les faits sont présentés comme certains. Récrivez-les de façon à exprimer le doute, en utilisant le modalisateur indiqué entre parenthèses.

Exemple : Je suis sûr que j'irai travailler lundi. (verbe) → J'ignore si j'irai travailler lundi.

31 L'expression de la subjectivité

1. Les prix **sont** plus bas dans ce magasin. (conditionnel) → _____ 2. Ce massacre est annoncé comme **certain**. (adjectif) → _____ 3. Il fait vraiment beau **toute l'année dans ce pays**. (phrase interrogative) → _____ 4. Il est **facile** de croire ce qu'il raconte. (adjectif) → _____ 5. Nous irons **bien sûr** à cette soirée. (adverbe). → _____ .

5 Un intrus s'est glissé dans ces listes de verbes ou d'adverbes : retrouvez-le et justifiez votre réponse.

1. Absolument – à coup sûr – incontestablement – apparemment – de toute évidence – bien sûr.
2. Sembler – supposer – s'avérer – supputer – conjecturer – paraître.
3. Approuver – affirmer – confirmer – infirmer – certifier – soutenir.

6 Ajoutez à chaque phrase un adverbe (ou locution adverbiale) pour exprimer l'opinion ou le sentiment indiqué entre parenthèses.

1. Il viendra (incertitude) _____ . 2. J'attends les résultats du brevet (inquiétude) _____ . 3. J'attends Audrey, qui a eu un empêchement (probabilité) _____ . 4. Tu obtiendras de lui qu'il te prête sa voiture (probabilité) _____ . 5. Je gagnerai au loto un jour... (certitude) _____ .

7 Dans chacun de ces énoncés, le locuteur présente-t-il les faits comme certains ? Soulignez les mots qui sont des indices de son sentiment.

1. Visiblement, tu ne m'écoutes pas ! _____ 2. Il est question de construire un barrage à cet endroit. _____ 3. À l'heure qu'il est, elle doit être arrivée. _____ 4. Sans doute viendra-t-il. _____ 5. Sans aucun doute, il viendra. _____ 6. Il apparaît clairement que cet employé de banque détourne des fonds depuis déjà longtemps. _____ 7. Il se peut qu'il pleuve. _____

8 Le locuteur partage-t-il l'opinion avancée dans ces énoncés ? Relevez le ou les termes qui traduisent sa position.

1. D'aucuns prétendent que je manque d'indulgence. _____ 2. Les cheveux coupés les soirs de pleine lune, dit-on, poussent plus vite. _____ 3. Il paraît que passer sous une échelle porte malheur. _____ 4. Cette nouvelle crème serait révolutionnaire et réduirait de moitié les rides ! _____ 5. À supposer que vous ayez raison, il faut encore que le conseil d'administration adopte cette proposition ! _____ 6. Pourquoi la vie serait-elle plus agréable là-bas qu'ici ? _____

9 Quelles figures sont employées pour évoquer la guerre ? Donnent-elles une image favorable ou défavorable ?

1. C'est sans doute un très bel art que celui qui désole les campagnes, détruit les habitations. (Voltaire)

2. Quelques dizaines de milliers d'hommes gisaient morts dans les champs et les prairies. [...] La terre et l'herbe étaient imbibées de sang. (Tolstoï)

S'entraîner au brevet

10 Voici un extrait du fameux article que Zola écrivit pour prendre la défense du capitaine Dreyfus, injustement condamné pour trahison :

J'accuse le général de Pellieux et le commandant Ravary d'avoir fait une enquête scélérate, j'entends par là une enquête de la plus monstrueuse partialité, dont nous avons, dans le rapport du second, un impérissable monument de naïve audace.
J'accuse les trois experts en écritures, les sieurs Belhomme, Varinard et Couard, d'avoir fait des rapports mensongers et frauduleux, à moins qu'un examen médical ne les déclare atteints d'une maladie de la vue et du jugement.

Émile Zola, *L'Aurore*, 13 janvier 1898.

Relevez :
1. une anaphore qui montre la force de sa conviction. Quel type de verbe reconnaissez-vous ?
2. des mots ou expressions péjoratifs qui caractérisent l'attitude des personnes mises en cause.
3. deux marques d'ironie qui tendent à les ridiculiser.

Rappel ▶ Selon le contexte, le sens d'un mot a priori neutre peut devenir péjoratif ou mélioratif.

SUJETS DU BREVET

1 SUJET

Docilité

La forêt dit : « C'est toujours moi la sacrifiée,
On me harcèle, on me traverse, on me brise à coups de hache,
On me cherche noise[1], on me tourmente sans raison,
On me lance des oiseaux à la tête ou des fourmis dans les jambes,
5   Et l'on me grave des noms auxquels je ne puis m'attacher.
Ah ! On ne le sait que trop que je ne puis me défendre
Comme un cheval qu'on agace ou la vache mécontente.
Et pourtant je fais toujours ce qu'on m'avait dit de faire,
On m'ordonna : "Prenez racine." Et je donnai de la racine tant que je pus,
10 "Faites de l'ombre." Et j'en fis autant qu'il était raisonnable,
"Cessez d'en donner l'hiver." Je perdis mes feuilles jusqu'à la dernière.
Mois par mois et jour par jour je sais bien ce que je dois faire,
Voilà longtemps qu'on n'a plus besoin de me commander.
Alors pourquoi ces bûcherons qui s'en viennent au pas cadencé ?
15 Que l'on me dise ce qu'on attend de moi, et je le ferai,
Qu'on me réponde par un nuage ou quelque signe dans le ciel,
Je ne suis pas une révoltée, je ne cherche querelle à personne
Mais il semble tout de même que l'on pourrait bien me répondre
Lorsque le vent qui se lève fait de moi une questionneuse. »

Jules SUPERVIELLE, *La Fable du monde*, 1938, © Éditions Gallimard.

1. Chercher noise : chercher querelle.

Première partie

QUESTIONS *(15 points)*

I. La victime

1. Qui prend la parole en ce début de poème ? Justifiez votre réponse en citant deux marques caractéristiques du discours direct. Comment appelle-t-on cette figure de style ? *(1,5 point)*
2. Vers 4 : « On me lance [...] des fourmis dans les jambes ». En quoi peut-on dire ici qu'il s'agit d'un jeu de mots ? *(1 point)*
3. Vers 2 à 4 : observez les verbes.
a. Quelle est la valeur du temps employé ici ? *(0,5 point)*
b. Quel en est toujours le sujet ? *(0,5 point)*
c. À quel champ lexical ces verbes appartiennent-ils ? *(0,5 point)*
4. Vers 1 à 5 :
a. Relevez trois formes différentes du pronom personnel qui désigne le locuteur dans ces vers. *(1 point)*
b. Quelle forme est la plus fréquente ? Quelle est sa fonction dans le vers 2 ? *(0,5 point)*
5. En vous appuyant sur les réponses aux questions 3 et 4, expliquez en quoi le locuteur est une victime. *(1,5 point)*

II. Son plaidoyer

1. Vers 8 : « Et pourtant je fais toujours ce qu'on m'avait dit de faire. »
a. Quelle est la nature grammaticale de « pourtant » ? Quel lien logique exprime-t-il ? *(1 point)*
b. Relevez les vers qui développent le propos : « je fais toujours ce qu'on m'avait dit de faire ». *(1 point)*
2. Vers 9 à 11 : commentez le rythme de ces vers en vous appuyant sur le nombre de phrases par vers. *(2 points)*
3. Proposez un synonyme au mot « docilité », titre du poème. *(1 point)*

III. Sa requête

1. Vers 15 à 16 : « Que l'on me dise [...] ; « Qu'on me réponde [...] »
Que peut représenter le pronom « on » destinataire de la demande ? *(1 point)*

2. Vers 15 à 18 : par quels moyens grammaticaux ou lexicaux la forêt exprime-t-elle son désir d'être entendue ? *(1 point)*
3. Expliquez l'image suggérée par le dernier vers : « Lorsque le vent qui se lève fait de moi une questionneuse. » *(1 point)*

RÉÉCRITURE *(4 points)*

Passez du discours direct au discours indirect les vers 1 et 2.
Vous commencerez par : « La forêt se plaignit que... » et ferez toutes les transformations nécessaires.

DICTÉE *(6 points)*

Un jour, bien des années auparavant, quand la forêt recouvrait beaucoup plus de terres et qu'elle s'étendait dans toutes les directions, quand les hommes ne pensaient pas encore à abattre les arbres pour planter le cacao, qui n'était pas encore arrivé d'Amazonie, Jeremias se réfugia dans cette forêt. C'était un jeune Noir qui fuyait l'esclavage. Les chasseurs d'esclaves le poursuivaient ; il pénétra dans la forêt habitée par les Indiens et jamais plus n'en sortit.

Jorge AMADO, *Les Terres du bout du monde*, trad. U. Meyrelles, Gallimard, 1994.

Seconde partie

RÉDACTION *(15 points)*

Sans reprendre le thème de la forêt, faites parler un animal ou un végétal qui s'interroge sur le sens de son existence.
Consignes
Votre texte comprendra des éléments narratifs et argumentatifs. Il pourra être, à votre choix, humoristique, pathétique, polémique...

2 SUJET

Les Cévennes, automne 1828. Le narrateur, un officier, est surpris par la nuit et l'orage. Une menace étrange fait s'enfuir sa jument, et lui-même se précipite vers le premier refuge venu...

C'était une auberge. J'entrai. Personne ne s'y trouvait. Seule l'odeur du temps pourrissait là, tenace et pernicieuse. J'appelai et tapai du poing sur une table bancale qui faillit s'effondrer sous mes coups. L'aubergiste devait être au cellier ou dans une des chambres de l'étage. Mais, malgré mon tapage, on ne se montra pas. J'étais seul, tressaillant d'attente, devant un âtre vide et inutilisé depuis bien longtemps, à en juger par les toiles d'araignées qui bouchaient
5 la cheminée. Quant à la longue chandelle, allumée depuis peu, et soudée à une étagère, sa présence, au lieu de me rassurer, me remplit plus d'inquiétude que si je n'avais trouvé en cet endroit que la nuit et l'abandon.
Je cherchai un flacon d'eau-de-vie afin de me réconforter et chasser la crainte qui me retenait d'aller visiter les autres pièces de cette étrange auberge. Mais les bouteilles qui gisaient là, poussiéreuses, avaient depuis longtemps rendu l'âme. Toutes, de formes anciennes, étaient vides, les années assoiffées ayant effacé jusqu'aux traces des boissons
10 qu'elles avaient contenues.
Tout était si singulier qu'attentif au moindre bruit, je me questionnai sur l'étrangeté des lieux. Du bois sec traînait. Je le rassemblai dans le foyer, sur un lit d'herbes sèches trouvées sans peine, et, frottant mon briquet épargné par la pluie, j'en tirai des flammes rassurantes.
Rencogné près de la cheminée, je me tendis à la chaleur, bien décidé à brûler le mobilier pour garder jusqu'à l'aube
15 cette réconfortante compagnie. Les bouffées de résine me furent aussi revigorantes que des goulées d'alcool pur, mais, pensant à la perte de ma jument, je fus pris de tristesse, ne comptant plus que sur son instinct de bête pour qu'elle me revînt.
Tout à coup un insidieux frisson me traversa, semblable à celui ressenti dehors et qui m'avait chassé jusqu'ici. « On » se trouvait à nouveau là, tout proche !
20 Les murs avaient beau me protéger de trois côtés ; éclairé par le foyer craquant, j'étais visible et vulnérable. On pouvait m'atteindre de face, en tirant de loin, à plomb. Je me dressai, les muscles prêts à une nouvelle fuite.
Mais mon anxiété fit place à une vive angoisse qui m'oppressa jusqu'à m'étouffer. Maintenant « on » entourait l'auberge et, impitoyables dans leurs mystérieux desseins, d'invisibles regards, que je percevais, me fixaient par la fenêtre sans volets. « On » était attentif à ma personne et cela avec une telle violence que je suais, subitement
25 terrifié.

Claude SEIGNOLLE, *L'Auberge du Larzac*, éd. Phébus Libretto, 1967.

Première partie

QUESTIONS *(15 points)*

I. La présentation des lieux

1. Relevez, de la ligne 1 à la ligne 13, au moins trois expressions qui caractérisent l'atmosphère de l'auberge. Quelle impression en retirez-vous ? *(2 points)*

2. Quelle est l'unique trace de vie présente dans l'auberge ? Cette trace apporte-t-elle un réconfort au narrateur ? Pourquoi ? *(1,5 point)*

3. « Mais les bouteilles qui gisaient là, poussiéreuses, avaient depuis longtemps rendu l'âme » (l. 8-9).
Quelle est la figure de style employée ici ? Trouvez un autre exemple dans le même paragraphe. Quel effet cette figure de style produit-elle ? *(1,5 point)*

II. La progression du récit

1. Par quel connecteur temporel l'action s'enclenche-t-elle ? Quel intérêt présentent les informations données par le narrateur jusqu'à ce moment du texte ? *(1,5 point)*

2. « On ne se montra pas » (l. 3) – « On se trouvait à nouveau là, tout proche » (l. 18). Qui le pronom « on » représente-t-il à la ligne 3 ? à la ligne 18 ? Pourquoi le narrateur met-il ce mot entre guillemets à la ligne 18 ? *(1,5 point)*

3. Relevez dans le texte quatre noms appartenant au champ lexical de la peur. Ces mots sont-ils parfaitement synonymes ? Quel effet l'auteur a-t-il voulu produire en les employant dans l'ordre où ils apparaissent ? *(2 points)*

III. L'expression de la peur

1. Relevez dans le premier paragraphe un indice grammatical révélant l'implication du narrateur dans le récit, puis un deuxième indice, différent, dans le dernier paragraphe. Quel effet cette présence constante du narrateur a-t-elle sur le lecteur ? *(1 point)*

2. « Impitoyales » (l. 23), « invisibles » (l. 23).
Comment sont formés ces adjectifs ? Quel est leur sens ? Qu'en déduisez-vous sur la situation du narrateur ? *(1,5 point)*

3. Quels sont les effets physiques de la peur sur le personnage ? Appuyez votre réponse sur des citations du texte. *(1 point)*

4. À quel genre de nouvelle cet extrait appartient-il ? Qu'est-ce qui vous permet de le dire ? *(1,5 point)*

RÉÉCRITURE *(4 points)*

Tout à coup un insidieux frisson me traversa, semblable à celui ressenti dehors et qui m'avait chassé jusqu'ici. « On » se trouvait à nouveau là, tout proche !
Les murs avaient beau me protéger de trois côtés ; éclairé par le foyer craquant, j'étais visible et vulnérable. On pouvait m'atteindre de face, en tirant de loin, à plomb. Je me dressai, les muscles prêts à une nouvelle fuite.
Réécrivez ce passage en imaginant que le narrateur est accompagné d'un ami et en opérant les transformations nécessaires.

DICTÉE *(6 points)*

Le bois s'épaissit, l'obscurité devint profonde. Des bouffées de vent chaud passaient, pleines de senteurs amollissantes. Il enfonçait dans des tas de feuilles mortes, et il s'appuya contre un chêne pour haleter un peu.
Tout à coup, derrière son dos, bondit une masse plus noire, un sanglier. Julien n'eut pas le temps de saisir son arc, et il s'en affligea comme d'un malheur.
Puis, étant sorti du bois, il aperçut un loup qui filait le long d'une haie. Julien lui envoya une flèche. Le loup s'arrêta, tourna la tête pour le voir et reprit sa course. Il trottait en gardant toujours la même distance, s'arrêtait de temps à autre, et, sitôt qu'il était visé, recommençait à fuir.

Gustave FLAUBERT, *Trois contes*, « La Légende de saint Julien l'Hospitalier ».

Seconde partie

RÉDACTION *(15 points)*

L'étude de ce texte vous fait réagir. Vous écrivez un article pour la rubrique *Coup de cœur/Coup de griffe* du journal de votre collège. Après avoir brièvement résumé le sujet et qualifié l'ambiance de cette histoire, vous dites pourquoi vous aimez (*Coup de cœur*) – ou vous rejetez (*Coup de griffe*) – ce genre de récit.
Vous illustrerez vos arguments par des exemples tirés de votre culture personnelle (lecture, cinéma, théâtre…).

3 SUJET

Ce texte constitue la première page du roman.

Le *Sarabaya*, un navire de cinq mille trois cents tonneaux, déjà vieux, de la Holland Africa Line, venait de quitter les eaux sales de l'estuaire de la Gironde et faisait route vers la côte ouest de l'Afrique, et Fintan regardait sa mère comme si c'était pour la première fois. Peut-être qu'il n'avait jamais senti auparavant à quel point elle était jeune, proche de lui, comme la sœur qu'il n'avait jamais eue. Non pas vraiment belle, mais si vivante, si forte. C'était la fin
5 de l'après-midi, la lumière du soleil éclairait les cheveux foncés aux reflets dorés, la ligne du profil, le front haut et bombé formant un angle abrupt avec le nez, le contour des lèvres, le menton. Il y avait du duvet transparent sur sa peau, comme sur un fruit. Il la regardait, il aimait son visage.

Quand il avait eu dix ans, Fintan avait décidé qu'il n'appellerait plus sa mère autrement que par son petit nom. Elle s'appelait Maria Luisa, mais on disait : Maou. C'était Fintan, quand il était bébé, il ne savait pas prononcer son nom,
10 et ça lui était resté. Il avait pris sa mère par la main, il l'avait regardée bien droit, il avait décidé : « À partir d'aujourd'hui, je t'appellerai Maou. » Il avait l'air si sérieux qu'elle était restée un moment sans répondre, puis elle avait éclaté de rire, un de ces fous rires qui la prenaient quelquefois, auxquels elle ne pouvait pas résister. Fintan avait ri lui aussi, et c'est comme cela que l'accord avait été scellé.

Le buste appuyé sur le bois de la lisse, Maou regardait le sillage du navire, et Fintan la regardait. C'était la fin du
15 dimanche 14 mars 1948, Fintan n'oublierait jamais cette date. Le ciel et la mer étaient d'un bleu intense, presque violet. L'air était immobile, c'est-à-dire que le navire devait avancer à la même vitesse. Quelques mouettes volaient lourdement au-dessus du pont arrière, s'approchant et s'écartant du mât où le pavillon à trois bandes s'agitait comme un vieux linge. De temps en temps, elles glissaient sur le côté en criant, et leurs geignements faisaient une drôle de musique avec les trépidations des hélices.

20 Fintan regardait sa mère, il écoutait avec une attention presque douloureuse tous les bruits, les cris des mouettes, il sentait le glissement des vagues qui remontaient et appuyaient longuement sur la proue, soulevaient la coque dans le genre d'une respiration.

C'était la première fois. Il regardait le visage de Maou, à sa gauche, devenant peu à peu un pur profil contre l'éclat du ciel et de la mer.

25 Il pensait que c'était cela, c'était la première fois. Et, en même temps, il ne pouvait pas comprendre pourquoi, cela serrait sa gorge et faisait battre son cœur plus fort, et mettait des larmes dans ses yeux, parce que c'était aussi la dernière fois. Ils s'en allaient, jamais plus rien ne serait comme autrefois. Au bout du sillage blanc, la bande de terre s'effaçait. La boue de l'estuaire tout d'un coup avait laissé apparaître le bleu profond de la mer. Les langues de sable hérissées de roseaux, où les huttes des pêcheurs paraissaient des jouets, et toutes ces formes étranges des rivages,
30 tours, balises, nasses, carrières, blockhaus, tout s'était perdu dans le mouvement de la mer, s'était noyé dans la marée. À la proue du navire, le disque du soleil descendait vers l'horizon.

J.-M. G. Le Clézio, *Onitsha*, 1991, © Éditions Gallimard.

Première partie

QUESTIONS *(15 points)*

I. Un début de roman

1. a. Quel est l'événement qui constitue ce début de roman ? *(1 point)*
b. Mettez en évidence les différentes étapes de cet événement. *(1 point)*
2. Relevez les indices de temps et de lieu qui déterminent le cadre du récit dans les lignes 1 à 7 et 14 à 19. *(1 point)*
3. a. Justifiez l'emploi du plus-que-parfait des lignes 8 à 13. *(1 point)*
b. Quel rôle joue le deuxième paragraphe dans ce début de roman ? *(1 point)*

II. La mère et l'enfant

1. « Fintan avait décidé qu'il n'appellerait plus sa mère autrement que par son petit nom » (l. 8).
« À partir d'aujourd'hui, je t'appellerai Maou. » (l. 10-11)
Identifiez et justifiez le temps et le mode du verbe « appeler » dans ces deux passages. *(1 point)*
2. a. Relevez quatre adjectifs qui, selon Fintan, caractérisent sa mère.
b. Quelle impression d'ensemble se dégage de ce portrait ? *(1 point)*
3. Pourquoi l'enfant paraît-il si attaché à sa mère ce jour-là ? *(1 point)*

III. Un souvenir inoubliable

1. « tout s'était perdu dans le mouvement de la mer » (l. 30)
Que désigne le pronom indéfini « tout » ? *(1 point)*
2. Expliquez le sens de la phrase : « Au bout du sillage blanc, la bande de terre s'effaçait. » (l. 27-28). *(1 point)*
3. « Une drôle de musique » (l. 18-19) :
Proposez un synonyme de l'adjectif « drôle ». *(1 point)*
a. « Ils s'en allaient, jamais plus rien ne serait comme autrefois. » (l. 27)
En utilisant un connecteur, faites apparaître la relation logique entre ces deux propositions. Précisez la nature de la relation exprimée. *(1 point)*
b. Pourquoi ce départ est-il si important pour l'enfant ? Expliquez votre réponse en citant le texte. *(1 point)*
c. Quels sont les sentiments du jeune garçon ? Comment se manifestent-ils ? *(1 point)*

RÉÉCRITURE *(5 points)*

Réécrivez le passage « Il regardait le visage de Maou [...] » (l. 23) « [...] parce que c'était aussi la dernière fois. » (l. 26-27) en remplaçant « il » par « les enfants ».

DICTÉE *(5 points)*

La vie ne m'a pas fait attendre, elle a toujours ou presque, roulé plus vite que moi. J'ai couru derrière, j'ai couru vite et longtemps, mais c'est trop rarement que je l'ai rattrapée. L'unique chose que j'attends d'elle aujourd'hui : un peu de légèreté et de liberté intérieure, je sais déjà que, dans ce monde trompeur, je n'en aurai que quelques grammes, alors que j'en voulais par kilos. Je continue de courir, de plus en plus lentement, et savoir jusqu'à quand n'est, hélas, pas de mon ressort.
C'est à cette poursuite que j'ai consacré le plus clair de mon existence ; c'est elle qui m'a mis sur les routes.

Nicolas BOUVIER, « L'attente », *L'Échappée belle*, 1996.

Seconde partie

RÉDACTION *(15 points)*

La mère explique à son enfant les raisons de leur départ et tente de le rassurer en lui présentant les attraits de leur nouvelle vie.
Votre texte prendra la forme d'un dialogue dans lequel vous développerez des passages argumentatifs.
Il sera tenu compte, dans l'évaluation de votre devoir, de la correction et de la qualité de l'expression.

TABLEAU DES MODES ET DES TEMPS

	Indicatif	Subjonctif	Impératif	Infinitif	Participe	Gérondif
Présent	en ce moment je chante	Il faut que je chante	Je te l'ordonne : "chante !"	Il faut chanter	chantant	en chantant
Imparfait	Tous les jours l'an dernier je chantais	Il eût fallu que je chantasse				
Passé simple	Un jour l'an dernier je chantai					
Futur simple	Demain je chanterai					
Passé composé	hier j'ai chanté	Je ne crois pas qu'hier j'aie chanté		Après avoir chanté (auxiliaire à l'infinitif présent)	Ayant chanté (auxiliaire au participe présent) ou chanté	en ayant chanté (auxiliaire au participe passé)
Plus-que-parfait	Tous les jours l'an dernier j'étais content après que j'avais chanté	Je ne croyais pas qu'autrefois j'eusse chanté				
Passé antérieur	Un jour, je fus content après que j'eus chanté					
Futur antérieur	Demain, je serai content après que j'aurai chanté					
Conditionnel forme simple	Si tu m'accompagnais à la guitare, je chanterais					
Conditionnel forme composée	Si j'avais été sélectionné, j'aurais chanté dans cette émission					